20090519 三民書局

chengzhishi

道藏精華第三集之三

文山遯叟蕭天石主編

參同契闡幽

自由出版社印行

林晨曄 2009 0519 于三民書局 光復北店

重刊參同契闡幽序

文山遯叟蕭天石

大道清虛，無形無相，上古民德淳樸，智朗神清；無用自全，無爲自化。迄乎後世，智愈用而心愈鑿，神愈役而德愈下；支離漸見，門庭逐分；遂使大道愈指而愈迷，愈說而愈棼，道術分裂，莫衷一是。東漢眞人魏伯陽祖師，體先聖至德，憫來者愚頑，乃援周易而作參同契；假卦爻法象，以顯性命眞源；本天地位育，以示道德紀綱；元機透露，燦若日星。其書一以演先天易學，一以明御政大本，一以揭丹法玄妙，一以開心易微傳；儒道併行，仙聖同歸。斯書一出，大道以明，萬古丹家，羣奉爲祖，而以爲歸根復命養性修眞之聖經。直是：自古神仙隱大道，萬卷丹經祖參同！惟以其書；陳道玄微，託旨深遠，理幽義宏，文古辭奧；拘曲淺學之士，不能鈎深致隱，合一窮源，羣相臆度揣摩註解；於是大道之眞機玄旨，愈註愈謬，愈解愈失矣！甚且以燒煉採戰，比附爐火陰陽；邪說滋彰，旁門百出，大道晦冥，丹法以亡。正所謂丹道自參同出而愈明，亦自參同出而愈晦。參同固玄矣，妄家謬解，尤有以致之，深可慨嘆也！

朱雲陽祖師，由禪轉道，有見及此，爰本悲天憫人之心，普渡衆生之願，特撰參同契闡幽，掃盡旁門邪說，獨露最上一乘。幽者明之，滯者闡之，乖者正之，異者通之；

匯合衆流而畢容，會通百家而無失。循流達源，用標指月；三教正旨，於焉畢顯。擧一卽三，會三卽一，簡易直捷，全無多子。在百數十種解本中，確屬正統上乘，且復鉅細無違魏公原旨，續道脈之墜緒，揭聖眞之心傳，其在斯歟！

夫易道之作，效天地流行運化之則，而明寂然感通妙用。卦象演則，由無至有，由一概萬，實不外陰陽二用而已。丹道亦然，本陰陽之大用，參天地之化育，而立聖功神化之極則；因天道以立人道，因天德以立人德，因天紀以立人紀，因天心以立人心。體天立極，以人合天，無作無爲，自然自在；此卽是最上一乘丹法。參同契一書，卽本此丹道之藥物爐鼎火候，與易道盈虛消息運化之法則同契，以明養性御政伏食之旨，而臻作聖登眞形神俱妙之境。因易明道，緣性修行，無心起用，脫體通神；爲聖爲佛爲仙，盡在於斯！不可徒以丹經視之，而自囿於井檻內也。尤應知作神仙，乃是作聖人以後一邊事，須先由學做人，學做聖人起修；若作神仙而無聖人之德之學，不能悟道通玄，明心見性，了生脫死，縱活八萬刼，亦不過一不死通神驢豕耳，又有何益！易曰：「立天之道，曰陰與陽；立地之道，曰柔與剛；立人之道，曰仁與義。」老子曰：「人法地，地法天，天法道，道法自然」。丹道之要，在修人道以合天道；是則宜修仁義，合剛柔，洞陰陽，以參造化，而合乎自然，還乎太虛，方爲極功。至於忽地一翻身，超乎三界，空亦不立，抹過太虛，眞亦不有。直徹元機，何用金丹？體至無生，何用長生？人我兩忘，心法俱寂，紛碎虛空，不立一子，直至鴻濛未判，先天未畫前；參無其參，同無其同，契無其契；參同云乎哉！易象云乎哉！生死云乎哉！

參同契全書，在以卷首「周易參同章第一」之：「乾坤者，易之門戶，衆卦之父母。坎離匡廓，運轂正軸。牝牡四卦，以爲橐籥，覆冒陰陽之道。」爲綱宗爲神用。先天後天之易道與丹道，先天後天之心學性學與命學，以及神化與「長生久視」之學，其修持與變化之大本大根，與化化無已生生無息之大道大法，莫不盡由斯出。書中雖借用納甲之法，言坎離水火龍虎鉛汞之要，以陰陽五行昏旦時刻爲進退持行之候；爲後世言爐火者之鼻祖，要皆爲方便法門之喻言耳。世之言內丹外丹與金丹神丹，以及天元丹法、地元丹法、人元丹法，一以貫之，莫不外此。周易黃老爐火三家，相參同而歸於一，乃契大道；實則大道無多元，大法無多門，一而已矣！迄返乎先天，一亦不立；無元無門，無物無象，無卦爻爐火，亦無御政服食；則唯有以無丹爲丹，無易爲易，斯爲無上上乘心法，非深入於道者，不足與言是也。

世之註參同契者衆矣，多在文字章句上求知解。大要言之，其可觀者，如五代眞一子彭曉之眞義本，抱一子陳顯微之解註本，元上陽子陳致虛之分章註本，元全陽子兪琰之發揮本，潛虛子陸西星之測疏與口義本，清存存子陶素耜之脈望本，及董德寧之正義本，與乎明初還子黃士元之集解，及清知幾子仇兆鰲之集註十七家本，概可一參。宋儒朱熹及蔡元定皆嘗治之；朱子且曾作參同契考異一卷，末署空同道士鄒訢，即朱熹寓名耳。良以丹道即易道，斯書不但可作為古哲學書讀，亦可作為古典文學書讀，切不可徒其為「萬古丹經王」書視之也。

本書初版及再版，均用由方大心先生交來之成都守經堂刻本；茲以汪東亭輯之道統大成本，較原用本較佳一等；適余正主編「中國子學名著集成」百册，將近殺青之際，而斯書亦正三版，特加贅數語於原序末，是為簡誌焉。

周易參同契闡幽　目錄

漢・魏伯陽 著
清・朱元育 闡幽

中篇

下篇

參同契闡幽序

大道○本無言說本無名相混混沌沌莫知其端然非假言說名相以表之則道終不顯昔者羲皇作易直指乾坤老子著經全提道德賴此兩聖鑿破混沌面目人人分上底性命根源纔知着落處大道從此開明矣二書同出一源其後不幸而分爲儒玄兩家宗易者流爲象數之小儒宗玄者流爲延年之方士而歸根復命之學或幾乎息矣孰能會而通之其惟參同契乎此書出自漢代伯陽魏祖假卦爻法象以顯性命根源性乃萬劫不壞之

元神命則虛無祖炁元始至精也拈一卽兩舉兩即三會三卽一◎故言神而精氣在精氣非麄言精氣而神在神非精也言性而命存命非滯於有言命而性存性非淪於無也只此兩字眞詮可分可合可放可收在羲易則以乾坤爲衆卦之父母在老子則以道德爲萬象之總持後來諸子百家橫說豎說總不出這兩字範圍順而達之則曰天命之謂性逆而還之則曰窮理盡性以至於命堂堂大道三教合轍千聖同歸外此悉屬旁蹊曲徑矣夫此逆還之法本自無多作者慈悲豈不欲當頭直指但恐知音者

希未堪明破不得不從無言說中強生言說從無名相中強立名相慘淡經營秘毋言子遂以兩字眞詮叠成七卷於是分御政養性伏食爲三門又分藥物爐鼎火候爲三家一門中各具三門一家中各具三家三三而參之九轉之功於是乎畢此其所以爲參同契也惟參也乃見性命之各正惟同也乃見性命之不二惟契也乃見窮理盡性至命之要歸七卷中條分條合條放條收大約前主分後主合前主放後主收錯綜變化自然成文此參同契之所以未易知未易言也元育髫年慕道最初拜　北宗張碧虛

師指示玄關便於此書得個入門而尚未窺其堂奧從此足窮五嶽徧參諸方鮮有豁我積疑者最後入終南深處幸遇　靈寶老人點開心易表裏洞然方知一粟可藏世界微塵堪轉法輪是眞實語然此向上機關詎堪饒舌猶憶告別老人時臨岐丁寧囑以廣度後人無令斷絕且機緣多在大江以南旣而束裝南旋入圜辦道賴毘陵諸法侶竭力護持麗了一大事丁酉歲挈門下潘子靜觀習靜華陽兼覽道藏信手抽出參同契一函快讀數過如貧子得寶藏不勝慶快平生竊念此書源流最遠實爲丹經鼻

祖。諸眞命脉。魏祖曾將此書。親授青州從事徐公。徐遂隱
名註之。今已失傳。後來註者紛紛。錯會不少。甚至流入彼
家爐火諸旁門。而祖意益晦塞矣。予甚憫之。思發其覆。遂
禁足結冬。日誦正文一兩章。與潘子究其大義。令筆錄焉。
深山靜夜。秉燭圍爐。兩人細談堂奧中事。思之不得。鬼神
來告。久而豁然貫徹矣。更八十晨昏。草本乃就。題曰闡幽。
謂此書向來埋藏九地。而今始升九天之上也。此書向來
沉淪幽谷。而今始浴咸池之光也。旣脫稿。復與潘子改正
數番。剝盡皮膚。獨留眞實。私作枕中鴻寶。歲在丁未。許子

靜篤啓請流通。公諸同志。張子靜鑑實佐焉。於是鳩工募刻。同志翕然響應。而七卷次第告成。請余作序。因畧述其所得於師者。以就正有道焉。弁願讀是書者。勿滯言說。勿膠名相。只從此中○討消息。始而範圍造化。既而粉碎虛空。有何御政養性伏食之可析。有何藥物爐鼎火候之可分。弁性命兩字。亦可不必建立矣。如是會去。差足報魏祖徐祖。及從上諸祖之恩。差足報羲皇老子。及從上諸聖之恩。而世出世間。情與無情。一切山河大地。蠢動含靈之恩。亦無不報矣。一道平等。頭頭各現。將見情與無情。悉發大光明藏。破暗燭幽。余亦從此兀然忘言矣。

康熙己酉仲春朔旦北宗龍門派下弟子朱元育稽首敬撰。

道統大成

周易叅同契

新安汪啟濩東亭 輯

東漢魏伯陽眞人著　　京江韓景垚仲萬 評點

雲陽道人朱元育闡幽　　許啟邦 校刊

叅同契者東漢魏眞人伯陽所作葢以易道明丹道也易道之要不外一陰一陽丹道之用亦不外一陰一陽一陰一陽合而成易大道在其中矣叅者叅伍之叅同者合同之同契者相契之契書中分上中下三篇篇中分御政養性伏食三家必叅互三家使大易性情黃老

養性爐火之事合同為一方與盡性至命之大道相契舉一端則三者全具其中以末卷三相類宗旨校勘即了然矣

上篇 上卷言御政共計五章乃上篇之上也

此卷專言御政而養性伏食已寓其中蓋所謂御政者陳乾坤坎離之法象隱然具君臣上下之規模君主無為臣主有為即養性伏食兩道之所取則也故末篇又稱大易情性

乾坤門戶章第一

此章首揭乾坤門戶包括萬化乃全書之綱領也

乾坤者易之門戶衆卦之父母坎離匡廓運轂正軸

此節言一陰一陽之道不出乾坤範圍也蓋天地間只此一陰一陽其本體則謂之道其化機則謂之易其神用則謂之丹易道之陰陽不外乾坤丹道之陰陽不出性命乾坤卽性命也然必窮取未生以前消息方知天地于此造端人身于此託始丹道卽于此立基夫鴻濛之先一炁未兆不可道亦不可名廓然太虛無方無體是謂眞空空中不空是謂妙有惟卽有而空故無始

之始強名曰天地之始惟即空而有故有始之始強名曰萬物之母即有而空便是太極本無極即空而有便是無極而太極太極之體本來無動無靜動而無動乾之所以爲天也而輕清者有其根矣靜而無靜坤之所以爲地也而堅凝者有其基矣一動一靜之間人之所以爲天地心也而易之生生不息者在其中矣胚胎雖具混沌未分故曰太極函三迨其靜極而動乾之一陽直徹于九地之下而坤承之陰中包陽實而成坎是謂天一生水在地中爲水在天上爲月及其動極復靜坤

之一陰直達于九天之上而乾統之陽中含陰破而成離是爲地二生火在世間爲火在天上爲日此由太極而生兩儀由兩儀而生四象也天地非日月不顯乾坤非坎離不運故在易道必以乾坤爲體坎離爲用何以言之乾之爲物靜專而動直六十四卦之陽皆出入于乾戶究竟只是最初一陽坤之爲物靜翕而動闢六十四卦之陰皆闔闢于坤門究竟只是最初一陰一陰一陽是謂眞易乾知大始實爲衆陽之父故乾道成男曰震曰坎曰艮坤作成物實爲衆陰之母故坤道成女曰

巽曰離曰兌從此交易變易生生不窮重之爲六十四卦衍之爲四千九十六卦豈非乾坤者易之門戶衆卦之父母乎六子皆出于乾坤而獨用坎離者何也葢震巽艮兌各得乾坤之偏體坎離獨得乾坤之正體先天定位本乾南坤北惟以中爻相易而成坎離後天翻卦遂轉作離南坎北其實乾坤包羅在外天地之匡廓依然不動而坎離之一日一月自然運旋其中小之爲晝夜晦朔大之爲春秋寒暑又大之爲元會運世譬若御車然中心虛者爲轂兩頭轉動者爲軸車本不能自運

惟賴兩頭之軸兩頭之軸又賴中心之轂以運之車待軸而轉動軸又待轂而運旋其用方全坎離之于乾坤亦然豈非坎離匡廓運轂正軸乎老子云三十輻共一轂當其無有車之用此之謂也此章爲全書綱領此節又是通章綱領乾坤門戶在丹道爲爐鼎坎離匡廓在丹道爲藥物火候出其中矣

牝牡四卦以爲橐籥覆冒陰陽之道猶工御者準繩墨執銜轡正規矩隨軌轍處中以制外數在律歷紀

此節言乾坤化出坎離能覆冒陰陽之道也乾本老陽

牡也迫中爻變出離之少陰則牡轉爲牝矣坤本老陰牝也迫中爻變出坎之少陽則牝轉爲牡矣坤轉爲坎九地之下淵乎莫測氣機動而愈出是爲無底之橐乾轉爲離九天之上一線潛通本體虛而不屈是爲有孔之籥老子云天地之間其猶橐籥乎指此而言故曰牝牡四卦以爲橐籥坎離二氣一往一來出入于天地之間而晝夜晦朔春秋寒暑纖毫不爽名曰四卦其實只是一坎一離名曰兩卦其實只是坎離中間一陰一陽乃六十卦之全體三百六十爻之全用無不覆冒其中

豈不猶善御者之準繩墨以執銜轡正規矩以隨軌轍乎夫馬之有銜轡車之有軌轍法則現前一一可以遵守外也準而執之正而隨之其間必有御車之人處中以制之卽上文所謂運轂而正軸者也制之之法不疾不徐隨方合節有數存乎其間卽下文火候之節度也律有十二管歷有十二辰無非六陰六陽循環運轉一刻不差而火候之調御得其準矣此便是周天之綱紀

故曰處中以制外數在律歷紀

月節有五六經緯奉日使兼并爲六十剛柔有表裏朔旦

屯直事至暮蒙當受晝夜各一卦用之依次序既未至晦爽終則復更始

此節言弦望晦朔數準一月小周天之火候也易有六十四卦除却乾坤坎離四卦應爐鼎藥物餘六十卦三百六十爻正應周天度數坎離中爻一日一月把握乾坤出入于三百六十五度四分度之一之中周天綱紀總不出其範圍日爲太陽月爲太陰陽數以五爲中陰數以六爲中兩其六爲十二律歷之所取則也以五乘六共得三十是爲一月之數日月自相經緯遂成弦望

晦朔月之消息盈虛每隨日轉有禀命於日之象故曰月節有五六經緯奉日使日月經緯而分晝夜即此三十日中兼并爲六十卦自屯蒙訖既濟未濟卦象全具其中卦之內外兩體無不反對反體如屯蒙䷂䷃需訟䷄䷅之類對體如中孚䷼小過䷽之類或表剛而裏柔或表柔而裏剛即屯蒙二卦可以例舉如屯之一陽動于下有朝之象蒙之一陽止于上有暮之象晝夜反覆兩卦只是一卦朔旦從屯蒙起直至晦日恰好輪到既濟未濟六十卦周而一月之候始完完則終而復始循環無

端矣

日月爲期度動靜有早晚春夏據內體從子到辰巳秋冬當外用自午訖戌亥賞罰應春秋昏明順寒暑爻辭有仁義隨時發喜怒如是應四時五行得其理

此節言二至二分數準一年大周天之火候也日月爲期度者日主乎晝位當正午自一陽動處以至六陽即屬日之氣候月主乎夜位當正子自一陽靜處以至六陰即屬月之氣候動靜有早晚者一陽動而進火應屯卦而爲早一陰靜而退火應蒙卦而爲晚要知一日之

期度即一月之期度一月之期度即一年之期度又要知一年之動靜不出一月之動靜一月之動靜不出一日之動靜此兩句承上起下爲通節綱領下文遂推詳一年之候卦之內外二體包舉四時假如屯卦自初爻進火爲子時一陽初動直到上爻便是純陽之巳從內體達外用故應乎春夏蒙卦自上爻退火爲午時一陰初靜直到初爻便是純陰之亥從外用返內體故應乎秋冬此言冬夏二至交媾之候也太陽在卯應在春分德中有刑罰之象也太陰在酉應在秋分刑中有德賞

之象也故曰賞罰應春秋日出乎寅沒乎申火生在寅暑之象也月出乎申沒乎寅水生在申寒之象也故曰昏明順寒暑仁主發義主收爻辭所陳各有所主仍是順寒暑之象喜近賞怒近罰隨時而發不過其節仍是應春秋之象此言春秋二分沐浴之候也如是而水火木金各兼一時氣候其中有真土調燮全備造化冲和之氣結而成丹故曰如是應四時五行得其理上節言小周天火候應乎一月此節言大周天火候應乎一年須知此中作用俱是攢簇之法簇年歸月簇月歸日簇

日歸時止在一刻中分動靜其中消息全賴坎離橐籥所謂覆冒陰陽之道者也

此章皆以造化法象明乾坤坎離之功用人身具一小天地其法象亦然乾爲首父天之象也坤爲腹母地之象也震爲足巽爲股近乎地分長男長女之象也艮爲手兌爲口近乎天分少男少女之象也坎爲耳離爲目運乎天地之中獨當人位中男中女之象也其餘四肢百骸三百六十骨節八萬四千毛孔即衆卦衆爻之散布也然此有形有名者人皆知之孰知其無無形無名者

乎父母未生以前圓成周徧廓徹靈通本無汚染不假修證空中不空爲虛空之真宰所謂統體一太極也既而一點靈光從太虛中來倏然感附直入中宮神室作一身主人所謂各具一太極也主人既居神室上通天谷下通炁海性命未分尙是囫囫圇圇本來面目這中宮消息略萌攝召太虛之氣從兩孔而入直貫天谷而下達于氣海乾下交坤坤中一爻遂實而成坎是爲命帶坤既成坎其中一陰即隨天氣而上達于天谷坤上交乾乾中一爻遂破而成離是爲性根于是囫地一聲

臍蒂剪斷而性命遂分上下兩弦矣呂祖所云竊取生
身受氣初莫怪天機都泄盡者此也從此後天用事有
門有戶不出乾坤橐籥運用全在坎離坎沉炁海元精
深藏太淵九地之下莫測其底橐之用也離升天谷靈
光洞徹太虛九天之上直貫其巔籥之用也出日入月
呼吸往來正當天地八萬四千里之中一闔一闢而分
晝夜一消一息而定晦朔一慘一舒而别寒暑一喜一
怒而應春秋四時五行無不畢具而造化在吾一身矣
故學道之士苟能啟吾之門戶而乾坤爐鼎可得而識

矣能運吾之轂軸而坎離藥物可得而採矣能鼓吾之橐籥而六十卦之陽火陰符可得而行持矣所謂順之生人者逆之則成丹也

陳希夷曰日爲天炁自西而下以交於地月爲地炁自東而上以交於天男女媾精之象也天地不能寒暑也以日月遠近而爲寒暑天地不能四時也以日月南北而爲四時天地不能晝夜也以日月出没而爲晝夜天地不能晦朔也以日月交會而爲晦朔陰陽雖妙不外乎日月造化雖大不外乎坎離故衆卦之變雖不齊而

不出乎坎離之中爻猶車之三十輻而共一轂者也

坎離二用章第二

此章揭言坎離二用不出一中了首章運轂正軸之旨也

天地設位而易行乎其中矣天地者乾坤之象設位者列陰陽配合之位易謂坎離坎離者乾坤二用二用無爻位周流行六虛往來既不定上下亦無常幽潛淪匿變化于中包囊萬物爲道紀綱

此節言坎離妙用即在乾坤定位之中也在易爲乾坤

其法象爲天地在易爲坎離其法象爲日月此後天有形有名之乾坤坎離也未有天地日月以前渾然只一太虛此太虛中本無一物圓明廓徹是爲先天之乾即此太虛中有物渾成絪縕遍滿是爲先天之坤虛中生炁爲至陽之炁至陽中間藏肅肅之至陰此從坤而上升者也無中含有是爲乾中之離炁中凝精爲至陰之精至陰中間藏赫赫之至陽此從乾而下降者也有中含無是爲坤中之坎一升一降樞機全在中間樞機一動天地即分天地既分其位乃定自然天位乎上地位

乎下。日出乎東。月生乎西。所以伏羲先天圓圖。乾卦居南。坤卦居北。天上地下。包羅萬象。天地定位也。離卦居東。坎卦居西。日月相對。橫貫天地之中。水火不相射也。然必天地之體立。而後日月之用行。故繫辭傳曰。天地設位。而易行乎其中矣。此直指之辭也。魏公恐世人不知何者爲天地。何者爲易。特下註脚。謂天地非外象之天地。乃是一乾一坤神室。自然之象。即上章所謂門戶也。設位非有形之位。乃是一陰一陽。自然配合之位。即上章所謂匡廓也。易非卦爻之易。乃是一坎一離眞息往來自然運行之易即上章所謂橐籥也天地之造化非即吾身之造化乎何謂坎離者乾坤二用乾本老陽中變少陰離中一陰實坤元真精故離自東轉南先天乾位翻爲後天之離轉一成九以首作尾故爻辭有無首之彖乾之用九即用離也坤本老陰中變少陽坎中一陽實乾元祖炁故坎自西轉北先天坤位翻爲後天之坎轉六成一即終爲始故爻辭有永貞之吉坤之用六即用坎也此日月互藏所以爲易宗祖而真水真火交相爲用之妙也一日一月終古出沒於太虛上下四

旁無所不運猶之一卦六爻各有定位而坎離二用周流六位無所不在其用神矣故曰二用無爻位周流行六虛日往則月來月往則日來往來豈有定乎離爲天中之陰恒欲親下故日自東徂西而下交乎地坎爲地中之陽恒欲親上故月自西徂東而上交乎天上下豈有常乎離中有眞水重陽爲之包羅水藏火中內暗外明有幽潛之象坎中有眞火重陰爲之囊括火藏水中內明外暗有淪匿之象水火互藏千變萬化只在中間一點空洞處有變化于中之象從此提挈天地把握乾

坤大道不出其範圍故曰包囊萬物爲道紀綱以上俱
發明坎離二用正見易行乎其中之意

以無制有器用者空故推消息坎離沒亡

此節專言坎離之妙用也坎離二用本無爻位周流六
虛無也既而包囊萬物爲道紀綱可見無之足以制有
矣世間有形之器體無不實究竟實而有者不能自用
惟賴虛而無者有以制之老子云埏埴以爲器當其無
有器之用是也坎離以無制有其妙用全在中間空處
故曰以無制有器用者空從無入有謂之息息者進火

之候。坤三變而成乾也。從有入無。謂之消。消者。退符之候。乾三變而成坤也。自朔旦震卦用事之後。歷兌至乾。自月望巽卦用事之後。歷艮至坤。其間不見坎離交位。是謂坎離沒亡。非沒亡也。行乎六虛之間。而周流不定耳。

言不苟造。論不虛生。引驗見效。校度神明。推類結字。原理爲徵。

知日月之爲易。即推類結字也。此校度神明之象。確有徵驗。可原理爲徵。而非苟造言論者矣。此節只是引起

下文

坎戊月精離已日光日月爲易剛柔相當土王四季羅絡始終青赤黑白各居一方皆秉中宮戊己之功

此節言二物配合不離中宮眞土也坎爲月中納戊土戊土原從乾來陽陷陰中其精內藏所謂杳杳冥冥其中有精也離爲日中納己土己土原從坤出陰麗陽中其光外用所謂恍恍惚惚其中有物也日光月精交會於黃道中間合成先天太易正以其中一戊一己剛柔本來匹偶足相當也故曰日月爲易剛柔相當戊己二

土可分可合以四時言之木旺于春中寄辰土火旺于夏中寄未土金旺于秋中寄戌土水旺于冬中寄丑土木火金水徹始徹終無不包絡於中央眞土故曰土王四季羅絡始終以四方言之青龍秉木德居東朱雀秉火德居南白虎秉金精居西元武秉水精居北故曰青赤白黑各居一方北一西四合而成五是爲戊土杳冥之精在其中矣東三南二合而成五是爲已土恍惚之物在其中矣賴此戊已眞土調和水火融會金木使五行四象俱攢簇於中黃而大丹結矣故曰皆秉中宮戊

已之功夫日剛月柔相當而爲太易故稱易爲坎離言豈苟造者乎乃推類結字者也五行四時皆兼中宫之土故稱易行乎其中論豈虛生者乎乃原理爲徵者也

此節總繳通章大意

章首曰易行乎其中既曰變化于中正指中宫眞土說葢坎離二物不離眞土乃成三家舉二物則四象在其中舉三家則五行在其中一切藥物火候無不在其中矣乾坤之大用盡於坎離坎離之妙用歸于戊巳一部參同契關鍵全在此處

附錄

譚子曰。摶空爲塊。見塊而不見空。土在天地開闢後也。粉塊爲空。見空而不見塊。土在天地混沌時也。神矣哉。

日月含符章第三

（日含五行精四句世本誤入君臣御政章中今校藏本正之。）

此章特著日月之功用。究藥物之所從出也。

易者象也。懸象著明。莫大乎日月。日含五行精。月受六律紀。五六三十度。度竟復更始。窮神以知化。陽往則陰來。輻輳而輪轉。出入更卷舒。

此節言日月之交會。其神化出乎自然也。上章既明坎離二用露出日光月精兩物矣尚未悉交會之理魏公遂重舉易辭以申明之蓋日月爲易乃一部參同契關鍵所在此易是太易之易此象是無象之象天下莫能見莫能知者欲知無象之易只消近取諸身欲知有象之易必須仰觀俯察而得之在天成象者惟日月爲最著故繫辭傳曰易者象也又曰懸象著明莫大乎日月夫日月何以獨稱大也日秉太陽火精本體光明洞達中間一點黑處卽是太陰眞水陽中藏陰外白內黑故取離象月象太陰水精本體純黑無光中間一點白處

即是太陽眞火陰中藏陽外黑內白故取坎象陽精爲
火火則有光陰精爲水水唯會影故月本無光受日映
處則有光光生于日之所照魄生于日之所不照晦朔
之交日月同宮月在日下日居月上月體爲日所包其
半邊之光全向於天半邊之黑全向於地故謂之晦月
去日二十五度人間乃見微光謂之哉生明月去日九
十餘度人間乃見光一半謂之上弦及至日月躔度相
對月在天上日在地下對照發光半邊之黑全向天上
半邊之光全向人間其光相望而圓滿徧照故謂之望

望後相對漸側月距日二十五度人間始見微黑謂之哉生魄月距日九十餘度人間只見光一半謂之下弦從此其光漸斂漸微至于體伏光盡而稱晦矣可見月體本無圓缺惟受日光之所映以為圓缺究竟月有圓缺而日無盈虛正猶世人後天之命生老病死倏忽無常只有先天一點性光圓明瑩徹萬劫長存耳周天三百六十五度四分度之一太陽日行一度一晝夜一周天故晝夜一周謂之一日行及三十度方與太陰相會太陰一日行十三度有奇行及廿九日有奇纔與太陽

相會。故晦朔弦望一周。謂之一月。日含五行精者。日本太陽。得火之精。其中藏烏。得水之精。得木精以滋其炁得金精以耀其光。中納己土之精。以包絡終始。其光明之體用方全。月受六律紀者。朔日一陽建子。律應黃鍾。至望而三陽始盈。乃應仲呂。陽極而陰生矣。望日一陰建午。律應蕤賓。至晦而三陰始純。乃爲應鍾。陰極而陽又生矣。舉六律。則六呂在其中。五爲陽數之中。兩其五爲十干。六爲陰數之中。兩其六爲十二支。五日爲一候。六候爲一氣。以五乘六。恰成三十。適合日月相交之度。

晦朔弦望如環無端度既終則更始矣何謂窮神以知化陽往則陰來張子曰一故神兩故化據縣象著明之日月而論似分兩物不知太陽中一點陰魄即是眞水太陰中一點陽魂即是眞火體則日月爲易用則水火互藏是爲陰陽不測之神故必窮神所自來乃知化所從出蓋日往則月來月往則日來往來不窮者一而未嘗不兩究竟太陽之炁即藏月中太陰之精即藏日中名爲往來而實無往來者兩而未嘗不一也凡陰陽對待一往一來俱謂之化神則渾然在中寂然不動無往

無來矣知化便是數往者順窮神便是知來者逆日月往來終古不息若輻之輳轂輪之轉車一出一入而分晝夜一卷一舒而定晦朔四時之寒暑推遷一元之運會升降總在其中惟其神不可測所以化不可窮耳吾身日光月精互相滋化而總歸于中宮不動元神一能兼兩悉與造化同其功用

易有三百八十四爻據爻摘符符謂六十四卦晦至朔旦震來受符當斯之際天地媾其精日月相撢持雄陽播元施雌陰化黃包混沌相交接權輿樹根基經營養鄞鄂凝

神以成軀眾夫蹈以出蠉動莫不由

此節言日月交會而產一陽也日月爲易乃造化之本三百八十四爻乃周天之用蓋易有六十四卦除却乾坤坎離四正卦應爐鼎藥物其餘六十卦得三百六十爻正應周天度數不多不少若合符節據爻摘符者六十卦中每卦必有一主爻值符如屯卦主爻在初蒙卦主爻在上之類據易言之謂之卦據丹言之謂之符一月之有晦朔猶一日之有亥子也晦朔中間日月並會北方虛危之地陰極陽生一陽來復正應震之初爻故

曰晦至朔旦震來受符當其交會之時天入地中月包日內天入地中有媾精之象月包日內有撣持之象乾主施精以元中眞陽下播于地坤主受化即以黃中眞土順承而包絡之故曰雄陽播元施雌陰化黃包一元一黃相爲包絡形如雞子斯時日月停輪復返混沌就此混沌中自相交媾產出一點眞種丹基從此始立矣故曰混沌相交接權輿樹根基坤中既得此一點眞種是爲鄞鄂須要經營保養不可令其散失久之漸漸凝聚元神始成胚胎震之一陽乃出而受符矣故曰經營

養鄞鄂凝神以成軀夫此一點眞種乃大地衆生命根
不特爲吾人生身受炁之本下至蠉動含靈之物莫不
由此一點以生以育故曰衆夫蹈以出蠉動莫不由是
道也造化順之以生物者吾人當逆之以自生所謂順
則成人逆則成丹也晦朔之交卽是活子時元施黃包
卽是藥產處經營卽是翕聚鄞鄂卽是元神日往月來
莫非眞火符候要覓先天眞種子須從混沌立根基
抱一子曰雄陽龍也雌陰虎也播元施者龍騰元天而
降雨也化黃包者虎入后土而產金也上天入地混沌

交接之象也于是權輿而立其根基經營而養其鄞鄂其神既凝其軀自成凡大而天地細而蠉動含靈之物莫不由是而出惟産此一點于外乃降本流末爲生生無窮之道産此一點于內乃返本還原長生超脫之道也

天符進退章第四

此章言天符進退乃金丹火候之所取則也

于是仲尼讚鴻濛乾坤德洞虛稽古當元皇關睢建始初冠婚炁相紐元年乃芽滋

此節特爲火候發端也。上章言晦朔之間。一陽受符。特標藥產時節。而金丹之火候消息。未舉其全。到此乃盡泄之。天道之大者。莫如五行。人道之大者。莫如五經。可以互相發明。而各有其原始焉。易爲五經之元首。乾坤兩卦。爲易之元首。乾坤兩卦。又從太極中剖出。卽此太極本體。合之卽鴻濛一炁。分之卽乾坤兩卦。乾坤合德。體函萬化。用徹太虛。于是仲尼讚之曰。大哉乾元。至哉坤元。豈非陰陽之始乎。仲尼刪書。斷自二典。首著稽古之文。稽古當先皇書之始也。刪詩肇自二南。首列關雎之章關雎建始初詩之始也禮貴成人冠婚爲生育之始故曰烝相紐春秋紀年元年爲歲序之始故曰乃芽滋此仙翁借世典以喻道法也鴻濛卽虛無一烝乾爲鼎中藏性根坤爲爐中藏命蔕其間日月往來洞虛之象元皇喻元始祖烝關雎喻兩物相感相紐喻二氣交并元年芽滋則一陽初動而眞種生矣

聖人不虛生上觀顯天符天符有進退屈伸以應時故易統天心復卦建始萌長子繼父體因母立兆基消息應鍾律升降據斗樞

此節正指一陽來復爲作丹之基也聖人卽作易之聖人不虛生卽論不虛生之意天符者日月交會乃天道自然之符卽上章所云據爻摘符是也在丹道爲一進一退之節候蓋自朔而望爲進陽火陽伸陰屈應從子到巳六時自望而晦爲退陰符陰伸陽屈應從午到亥六時丹道之動靜一屈一伸亦各有其時聖人默觀元化知時不可失每委志虛無以應之陰符經云觀天之道執天之行是也天道以日月交會故有進退屈伸丹道亦取日月交會其進退屈伸莫非易也而日月爲易

實統之於天心天心是造化中間主宰卽太極也先天
之太極造天地于無形後天之太極運天地于有形在
天正當南北二極之中在人則當坎離二用之中一坎
一離合而爲易統于天地正中之心故曰易統天心天
心無所不統而見之必于復卦何也蓋天心之體本來
無動無靜天心之用却正當一動一靜亥子中間方其
靜翕之餘日月合璧璇璣停輪此心渾然在中毫無端
倪可見至于虛極靜篤萬化歸根忽然無中生有靜極
生動從窮陰中迸出一點眞陽逼露乾元面目而丹基

從此建立矣所以孔子贊易曰復其見天地之心乎邵子詩曰冬至子之半天心無改移卽所謂復卦建始萌也復卦內震外坤震之一陽得乾初體雖受眞種于乾父實賴滋育于坤母如嬰兒始媾成胎具體而微尚未出母腹中故曰長子繼父體因母立兆基一陽旣復自消而息于六律初應黃鍾一陽初動自降而升時斗柄正建元楞丹士得之吹吾身之律呂水火自然調和斡吾身之斗杓金木自然歸併豈非消息應鍾律升降據斗樞乎此卽上章震來受符之時也

三日出爲爽震庚受西方八日兌受丁上弦平如繩十五乾體就盛滿甲東方蟾蜍與兎魄日月炁雙明蟾蜍視卦節兎者吐生光七八道已訖屈伸低下降十六轉受統巽辛見平明艮直于丙南下弦二十三坤乙三十日陽路喪其朋節盡相禪與繼體復生龍

此節推八卦納甲以驗金丹火候之進退也上文所謂一陽之復在一日爲亥子在一歲爲冬至在一月即爲晦朔欲知一月小周天火候當取先天八卦納甲細參之晦朔之交日月合符乾坤未剖元黃未分陽光爲陰

魄所包隱藏不見此吾身歸根復命時也交會既畢月與日漸漸相離魄中生魂至初三日庚方之上始露微光震卦納庚進而得一陽此元性初現而鉛鼎溫溫矣故曰三日出爲爽震庚受西方至初八日陽魂漸長陰魄漸消魄中魂半昏見南方是爲上弦兌卦納丁進而得二陽此時元性又少現而光透簾幃矣故曰八日兌受丁上弦平如繩至十五日日月對望陰魄全消陽魂盛長其光圓滿昏見東方乾納六甲進而爲純陽此時元性透露而鼎中一點靈光晝夜長明矣故曰十五乾

體就盛滿甲東方然此月魄必與日魂合而成其明實
應蟾蜍兔魄兩象蟾蜍以象太陽之精兔魄以象太陰
之光蓋蟾蜍潛伏水底瞻視非常時時噓吸太陽金精
入于腹中喻日魂施精于月自外而吸入也凡世間之
兔皆雌而無雄遙望月中玉兔即感而有孕及其產也
又從口吐而生喻月魄受日之光自內而吐出也離巳
日光本來主施坎戊月精本來主化日以施德月以舒
光所以從下弦至朔旦月出於西方西位全體吸取太
陽精烝從上弦到望日月盈于東方卯位乃全體發露

太陽光明故曰蟾蜍與兎魄日月炁雙明其所以取象蟾蜍與兎魄者於蟾蜍正取其蟾視于兎正取其能吐而生也蓋月光之圓缺全在視日光以爲進退一陰生于巽其光漸歛漸退以至於晦是爲造化入機一陽生于震其光漸舒漸進以至于望是爲造化出機晦朔之交日光吸入月魄中相吞相啖感而成孕直待三日出庚其光吞而復吐自西轉東自庚轉甲至望日而光明圓滿矣故曰蟾蜍視卦節兎者吐生光十五既望陽極于上盈不可久息者不得不消升者不得不降陽火轉

爲陰符故曰七八道已訖屈折低下降十六以後陽反爲賓陰反爲主陽魂轉受統攝于陰魄魂中生魄晨見辛方巽卦納辛退而爲一陰此性歸于命之始也故曰十六轉受統巽辛見平明至二十三日陰魄漸長陽魂漸消魂中魄半是謂下弦晨見丙方艮卦納丙退而爲二陰此性歸于命之半也故曰艮直于丙南下弦二十三至三十日艮之一陽自東北喪在乙方坤地有東北喪朋之象一點陽魂全體斂入陰魄中是爲性返爲命而元陽復歸于混沌矣故曰坤乙三十日陽路喪其朋

然陽無剝盡之理卦節既盡消者不得不息降者不得不升剝之終卽復之始晦之終卽朔之始震之一陽繼體于乾父者還復兆基于坤母庚方之上依然吐而生明故曰節盡相禪與繼體復生龍

壬癸配甲乙乾坤括始終七八數十五九六亦相當四者合三十陽炁索滅藏八卦布列曜運移不失中

此節結言納甲之始終也八卦納甲原本先天圓圖最爲元奧坎以中男納戊陰中包陽月之體也離以中女納己陽中包陰日之體也震長男巽長女納庚與辛艮

少男兌少女納丙與丁其間一陰一陽各各相匹乾父獨納甲壬坤母獨納乙癸原始要終首尾關鍵包括六子在內故曰壬癸配甲乙乾坤括始終六子爲少陰少陽少陽數七少陰數八共得十五數乾坤爲老陰老陽老陽數九老陰數六亦得十五數恰應上下兩弦合成月圓之象故曰七八數十五九六亦相當二少二老應乎兩弦之氣互爲消長所以自朔訖望陽長而陰自消自望訖晦陰長而陽亦消當其晦也陽烝消索若滅若沒幾無餘矣孰知一點元精深藏洞虛之中終而復始

循環無端故曰四者合三十陽氣索滅藏八卦環布日月合璧而生明三陽三陰互爲消長似乎獨無坎離爻位不知周流六虛升降上下莫非坎離中炁運移其間此日月爲易所以統乎天心而爲三陰三陽進退之準則也故曰八卦布列曜運移不失中

元精眇難覩推度效符徵居則觀其象準擬其形容立表以爲範占候定吉凶發號順節令勿失爻動時

此節言一動一靜之候應乎天符也卦爻有動有靜金丹之火候亦然其時候未到則當虛以待之蓋坎離會

合中間自有一點元精即是先天真種所謂杳兮冥兮其中有精者也此物至靈至妙不可覩聞難以臆度惟推納甲消長之度以爲天符進退之徵驗而已故曰元精眇難覩推度效符徵天符進退本無其形虛無罔象之中若存若亡但當虛心體驗擬諸其形容而謹候其消息故曰居則觀其象準擬其形容其時候將到又當動以應之蓋晦朔中間陽欲生而未離乎陰機已動而未離乎靜從靜定中候視須加十分謹密如歷家立表以測日晷術家占候以定吉凶不可一毫差錯故曰立

表以爲範占候定吉凶此言將動之時也及乎樞機一
發天人交應便當加採取之功若朝廷之大號以時而
發造化之節令及時而布不得一刻遲誤故曰發號施
節令勿失爻動時時即陰符經食其時之時蓋指晦朔
中間活子時也若冬至一陽初動則又屬正子時矣
上觀河圖文下察地形流中稽于人心參合考三才動則
循卦節靜則因彖辭乾坤用施行天下然後治
此節言一動一靜之理貫乎三才也上乾下坤結括終
始乃上天下地之位也坎離之中烝運移其中乃中間

人位也卽此已全具三才法象卽此一動一靜之理便通徹天地包括河洛河圖文卽指龍圖而言河圖之數五十有五循環無端圓以象天之動上觀河圖文卽仰以觀于天文也地形流卽指洛書而言洛書之位四正四隅統于中五方以象地之靜下察地形流卽俯以察于地理也人者天地之心也天地中間是爲人心卽邵子所謂一動一靜之間天地人之至妙至妙者也蓋此心非動非靜而又能動能靜參天兩地爲造化之樞機故曰中稽於人心參合考三才動以應天陰陽有進退

必循乎卦爻之節故曰動則循卦節此即係辭傳所謂動則觀其變而玩其占也亦即上文發號順時之意靜以應地剛柔有表裏不越乎卦爻之辭故曰靜則因象辭此即繫辭傳所謂居則觀其象而玩其辭也亦即上文準擬形容之意靜極而動眞陽動于九天之上是謂乾元用九而元神升乎乾鼎矣動極復靜眞陰潛于九地之下是謂坤元用六而元炁歸乎坤爐矣元神爲性元炁爲命性成命立天心端拱于中極百節萬神無不輻湊皈命豈非乾坤用施行天下然後治乎首章云乾

坤者易之門戶次章云天地設位此章首揭乾坤德洞虛中言乾坤括始終終之曰乾坤用施行可見徹始徹終只是乾坤爲體則門戶之說益了然矣首章云坎離匡廓運轂正軸次章云坎離者乾坤二用此章先言日月炁雙明繼言運移不失中末乃揭出二用可見徹首徹尾只是坎離爲用則匡廓之義益洞然矣

抱一子曰蟾蜍乃金炁之精故視卦節而漸旺玉兔乃卯木之魄故望太陽而吐光

此章極其奥衍納甲妙義從古河圖并先天圓圖中來

不特爲全部叅同契大關鍵亦卽羲易之精髓也中間蟾蜍兎魄兩象尤稱奇險絕世魏公于此幾欲嘔出心肝今而後注者與作者可相視而笑矣

君臣御政章第五

此章以君臣御政之得失喻金丹火候之得失也

可不愼乎御政之首管括微密開舒布寶要道魁柄統化綱紐爻象內動吉凶外起五緯錯順應時感動四七乖戾誃離俯仰文昌統錄詰責台輔百官有司各典所部

此節以御政喻火候當戒愼其初基也火候之要徹首

徹尾防危慮險無一刻不宜慎若人君御政然而尤當致謹其初基蓋金丹大道以天心爲主精氣爲用正猶人主之統御其臣下也故曰御政學人入室之始一陽初動謂之首經譬若人君卽位之初更改正朔謂之元年上章元年乃芽滋卽其義也故仙翁喟然發端曰可不慎乎御政之首管括微密者卽靜而內守環匝關閉之意開舒布寶卽動而應機發號順應之意魁柄卽是斗杓斗爲天之喉舌斟酌元化統攝周天若綱之有綱衣之有紐是爲要道喻吾身天心實爲萬化之綱領丹

道作用全仗天心斡運斗柄推遷故曰要道魁柄統化綱紐天心既爲萬化綱紐動而正則罔不吉動而邪則罔不凶繫辭傳曰爻象動乎內吉凶見乎外即其義也在易爲爻象在天即爲星象天有三垣紫微垣爲北極之所居最處乎內太微垣次之天市垣又次之由是金木水火土之五緯併二十八宿之經星環布於垣外垣中主星全係斗杓凡經緯諸星或順或逆無不聽命斗杓斗杓順動則五緯經星罔不循其常度斗杓一有不順則環布之五緯一切逆而不順應時感動立見咎徵

周天經星亦皆一切乖戾失其常度而至于誃離俯仰矣此喻人之天君妄動則五官錯謬百脉沸馳所謂毫髮差殊不作丹者也天象乖變失常不可責之衆星人君御政失宜亦不可責之百官有司各有主者孰爲主者在天則文昌台輔文昌卽紫微垣中戴筐六星號南極統星錄人長生之籍台輔卽垣中三台四輔尊星三台以應三才四輔以應四象各居其方環拱北極天之有文昌猶人君之有六部也天之有台輔猶人君之有相臣也相臣夾輔帝主爕理陰陽六部從而奉行之則

百官有司不待詰責自然各典所部矣譬若作丹之時心君處中以制外魁罡坐鎮斗杓斡旋一水一火調燮得宜自然六根大定百脈沖和而無奔蹶放馳之失矣

原始要終存亡之緒或君驕佚亢滿違道或臣邪佞行不順軌弦望盈縮乖變凶咎執法刺譏詰過貽主辰極處正優游任下明堂布政國無害道

此節言火候之要存乎君主當慎終如始也火候之一動一靜徹始徹終宜乎無所不慎亦猶人君御攻一動一靜自始至終宜無所不慎慎則轉亡爲存不慎則轉

存爲亡存亡之緒從此分矣此一大事君臣各有其責而主之者惟君蓋臣之聽命于君猶氣之聽命于志也心君翼翼能持其志則奸聲邪色自不得而干之若心君驕亢自用違其常道則耳目之官亦以邪佞應之行事不循軌則矣天心之與人心同出一原天心稍或不順則天行立刻反常不特五緯錯謬經星乖戾已也即如太陰之晦朔弦望本有常度今者當盈反縮當縮反盈薄蝕掩冒凶咎不可勝言矣天有執法之星主刺譏過失即太微垣中左執法右執法也朝廷象之故立爲

左右執法之臣亦主刺譏過失然違道之過不在百官
有司而在台輔併不在台輔而在君主自身此萬化從
心反本窮源之論也故曰執法刺譏詰過貽主主心得
失只在一反覆間蓋惟皇建極惟民歸極心君能寂然
不動無爲以守至正百體自然從令有如北辰居所而
衆星自然拱之故曰辰極處正優游任下心君既端拱
神室百節萬神莫不肅然猶王者坐明堂以朝諸侯四
海九州莫不率服寧復有出而梗化害道者故曰明堂
布政國無害道辰極在天象爲紫微垣即北極所居在

人君爲深宫內寢晏息之所也明堂在天象爲天市垣乃帝星所臨在人君爲朝會之所通道于九夷八蠻者也心君所處內有洞房外有明堂上應天垣下同朝宁故取御政之象

此章即治道以明丹道最爲了然丹道徹始徹終不出天心運用故君喻天心臣喻藥物文昌台輔喻三田四象執法之臣喻耳目之官百官有司喻周身精氣吉者受烝吉也凶者防烝凶也存喻片時得藥亡喻頃刻喪失所貴乎御政者必須外却羣邪內輔眞主心君端拱

于辰極萬化歸命于明堂豈非還真之要道乎
此篇首章言乾坤門戶明乾坤之爲體次章言坎離二用明坎離之爲用三章言晦朔合符而產藥物四章言天符進退而行火候皆御政之象也然而御政之義不可不明在天象以辰極統御周天列宿在朝廷以人主統御百官有司在丹道則以心君統御周身精炁乃御政之義也故以此篇總結之

上篇○中卷言養性共計三章乃上篇之中也○

此卷專言養性而御政伏食已寓其中蓋先天祖性寂然不動感而遂通不出中黃爲萬化之主宰舉性則命在其中舉養性則元精元氣倂歸元神之中矣知而養之方契黃帝老子虛無自然大道故末篇又稱黃老養性

鍊已立基章第六

此章言鍊已立基在乎得一乃養性之初功也

內以養已安靜虛無原本隱明內照形軀閉塞其兌築固

靈株三光陸沉溫養子珠視之不見近而易求

此節言鍊己之初基也首卷御政諸章但敷陳乾坤坎離造化法象到此方直指鍊己工夫示人以入手處呂祖云七返還丹在人先須鍊己待時張紫陽云若要修成九轉先須鍊己持心鍊己卽養己也己卽離中己土爲性根之所寄只因先天乾性轉作後天之離元神翻作識神心中陰氣刻刻流轉易失而難持不得坎中先天至陽之炁無以制之然先天一炁從虛無中來若非致虛守靜之功安得窮源反本哉故曰內以養己安

靜虛無生身受炁之初本來一點靈明人人具足只因後天用事根寄於塵塵轉爲識日逐向外馳求未免背覺合塵認奴作主故必須時刻收視返聽一點靈明自然隱而不露深藏若虛從此默默内照方知四大假合之軀總歸幻泡當下便得解脫矣故曰原本隱明内照形軀兌爲口係一身出入之門戶凡元氣漏泄處悉謂之兌而總持于方寸之竅黃庭經云方寸之中謹蓋藏即閉塞之意也即此方寸中間有一點至靈之物爲生生化化之根株故曰靈株築固者不漏不搖也三光在

天爲日月斗在人離以應日坎以應月天心在中以應斗樞一坎一離南北會合反闇內照真人潛於深淵塞兌固守元珠得於罔象如此則天心寂然不動而鍊巳之功就矣故曰三光陸沉溫養子珠然本來一點靈光倏有倏無非近非遠只在目前人却不識索之身內不得索之身外又不得故曰視之不見近而易求

黃中漸通理潤澤達肌膚初正則終修幹立未可持一者以掩蔽世人莫知之

此節言鍊巳之功在乎得一也度人經云中理五炁混

合百神可見中黃丹扃為萬化統會之地譬若北辰居所衆星自拱學道之士從此温養子珠勿忘勿助久之神明自生漸漸四通八達身中九竅百脈三百六十骨節八萬四千毛孔一齊穿透自然光潤和澤感而畢通即易所云美在其中而暢于四肢也故曰黃中漸通理潤澤達肌膚丹道有初有終有本有末初者鍊已下手之功終者入室了手之事初如木之有幹本也終如木之有標末也然須知最初下手一步便是末後了手一步所謂但得本莫愁末也初基一步便踏着正路從此

循序漸進修持之功自然節節相應原始可以要終卽本可以該末矣故曰初正則終修幹立末可持然則孰爲初孰爲本要在一者而已未生以前惟得一則成人有生以後能抱一卽成丹蓋一生二二生三三生萬物順去生人生物者此一也而三返二二返一一返虛無逆來成聖成仙者亦此一也太上云得其一萬事畢又曰谷神不死是謂元牝谷神至虛而至靈其妙生生不已從生生不已處分出元牝其體則一其用則兩秘在掩蔽二字掩者掩其元門蔽者蔽其牝戶若非一者在

中豈能掩蔽然非掩蔽于外亦不成其爲一此中竅妙
非得真師指授縱饒慧過顔閔莫能強猜況世間凡夫
乎故曰一者以掩蔽世人莫知之所云黃中是指出祖
竅之中所云一者是指出祖竅之一知中則知竅知一
則知竅中之妙知竅中之妙便知本來祖性便知守中
抱一是養性第一步工夫

兩竅互用章第七

此章直指坎離兩竅之用爲金丹關鍵也

上德無爲不以察求下德爲之其用不休上閉則稱有下

閑則稱無無者以奉上上有神明居此兩孔穴法金烝亦相胥

此節指兩竅之妙用也大道非一不神非兩不化上章云一者以掩蔽既明示人以得一矣然而掩蔽之妙其體則存乎一其用不離乎兩蓋金丹妙用只在後天坎離坎離妙用不出先天乾坤究竟只是性命二字性者先天一點靈光眞空之體也其體圓成周遍不減不增在天爲資始之乾元在人便是父母未生前本來面目故名上德此中本無一物靈光獨耀逈脫塵根若從意

根下卜度推求便失之萬里蓋性本天然莫容擬議直是覓即不得故曰上德無爲不以察求命者先天一點祖炁妙有之用也其用樞紐三才括囊萬化在天爲資生之坤元在人便是囟地一聲時立命之根故名下德其中元炁周流潛天潛地變現無方若向一色邊沉空守寂便墮在毒海蓋命屬有作不落頑空一息不運即死故曰下德爲之其用不休上閉則稱有者坤入乾而成離也先天之乾本是上德只因坤中一陰上升乾家陽炁從外而閉之所謂至陰肅肅出乎天者也乾中得

此一陰性轉爲命感而遂通遂成有爲之下德矣人但知離體中虛便認做真空不知這一點虛處正是真空中妙有喚作無中有下閉則稱無者乾入坤而成坎也先天之坤本是下德只因乾中一陽下降坤家陰烝亦從外而閉之所謂至陽赫赫發乎地者也坤中得此一陽命轉爲性寂然不動依然無爲之上德矣人但知坎體中實便認做妙有不知這一點實處正是妙有中真空喚作有中無坤中既受乾烝還以此點真陽上歸于乾是謂反本還原歸根復命自是先天神室中產出一

點鄞鄂是爲萬刼不壞之元神故曰無者以奉上上有
神明居神明之妙固全在中黃正位然非坎中真金之
精上升離中真水之炁下降有無互入兩者交通成和
神明亦何自而生耶故曰此兩孔穴法金炁亦相胥兩
孔穴卽坎離兩用之竅妙所謂元牝之門世莫知者也
知白守黑神明自來白者金精黑者水基水者道樞其數
名一陰陽之始元含黃芽五金之主北方河車故鉛外黑
內懷金華被褐懷玉外爲狂夫
此章直指水中之金爲先天丹母也承上言所謂神明

者亦非自然而來須有一段作用其作用全在知白守黑知白守黑者白卽坎中眞金黑卽離中眞水人能洞徹眞空靜存妙有一點神明自然從虛無中生出心印經所謂存無守有頃刻而成也只此便是金丹便是後天返先天處故曰知白守黑神明自來魏公又恐人不識金丹原本故重提之曰白者金精黑者水基言此白者非有形之金乃空刼中虛無元性也元性本純白無染便是未生以前乾元面目卽所云上德也白者卽非金之精乎此黑者非行地之水乃虛無中所生之一炁

也一炁本鴻濛未分便是囫地一聲以後坤元根基即所云下德也黑者豈非水之基乎先天金性即渾成大道尚無一之可名及乎道既生一露出端倪便稱天一之水是爲道之樞機而金性藏于其中矣故曰水者道樞其數名一最初一點眞水中藏眞金爲元炁生生之根本故曰陰陽之始元含黃芽黃芽者取水中藏金之象指先天一炁而言也先天一炁正是乾家金精能總持萬化爲後天五行生成之眞宰而深藏北極太淵之中故曰五金之主北方河車五金者借外煉銀鉛砂汞

土以喻身中五行之精即此一物以其外之純黑也故
象鉛以其黑中含白也故又有金華之象譬若有人外
被褐而內懷玉外若狂夫中藏聖哲豈非神明不測者
乎此言真鉛之別於凡鉛也苟能知白守黑則神明自
來矣金丹妙用只在水中之金此段特顯其法象入藥
鏡云水鄉鉛只一味悟真篇云黑中有白為丹母此之
謂也

金為水母母隱子胎水為金子子藏母胞真人至妙若有
若無髣髴太淵乍沉乍浮退而分布各守境隅採之類白

造之則朱鍊爲表衛白裏真居

此節重指金水兩竅之用併兩而歸一也上節合言水中金此又分言金水兩體金精本能生水水之母也乾中真金隱在坤水包絡中故曰母隱子胎即上文所云下閉則稱無也水本金之所生金之子也坤中真水藏在乾金匡廓內故曰子藏母胞即上文所云上閉則稱有也金水互用便是兩弦之炁兩畔同升合爲一而真人出其中矣真人存於中宮非有非無靈妙不測故曰

真人至妙若有若無髣髴太淵者真人潛深淵也乍沉

乍浮者浮游守規中也金水交會之際同在中央及既交而退眞人處中兩者依舊分布上下一南一北各守境隅矣其初採取北方坎中之金本來一片純白及至煆以南方離中眞火然後赫然發光豈非採之類白造之則朱乎然此一點眞種非有非無本質極其微妙須賴中黃坤母環衛而乳哺之方得安居神室不動不搖故曰鍊爲表衛白裏眞居此段言併兩歸一乃藥物入爐之象卽上所云無者以奉上上有神明居也

方圓徑寸混而相拘先天地生巍巍尊高旁有垣闕狀似

蓬壺環匝關閉四通踟躕守禦密固遏絕奸邪曲閣相連以戒不虞可以無思難以愁勞神炁滿室莫之能留守之者昌失之者亡動靜休息常與人俱

此節特顯爐鼎法象而火候即在其中中黃神室之中不過徑寸圓以象天方以象地中有真人居之混混沌沌形如雞子黃庭經云方圓一寸處此中是也故曰方圓徑寸混而相拘徑寸之地即元關也元關一竅大包六合細入微塵未有天地先有此竅號為天中之天內藏元始祖炁豈非先天地生巍巍尊高者乎此竅當天

地正中左右分兩儀上下定三才左通元門右達牝戶上透天關下透地軸八面玲瓏有如蓬島方壺之象豈非旁有垣闕狀似蓬壺者乎環匝關閉四通踟躕者深根固蒂牢鎮八門令內者不出也守禦密固遏絕奸邪者收視返聽屏除一切令外者不入也靈竅相通本無隔礙然必防危慮險故曰曲閣相連以戒不虞定中迴光本無間斷又必優游自然故曰可以無思難以愁勞神室中元始祖炁人人具足本來洋溢充滿但人自不能久留耳故曰神炁滿室莫之能留真人既安處神室

必須時時相顧刻刻相守若一刻不守便恐致亡失之患故曰守之者昌失之者亡惟是一動一靜不敢自由宜與神室中真人呼吸相應彼動則與之俱動彼靜則與之俱靜彼休息則與之俱休息勿助勿忘綿綿若存火候纔得圓足故曰動靜休息常與人俱此段言爐鼎之象而兼温養之功卽上文所云金炁相胥之作用也

此章首揭出有無兩用之竅是真爐鼎次別金水二炁之用是真藥物末了更示人以温養防護之功是真火候金丹關鍵已全具此中不可忽過

明辨邪正章第八

此章歷指旁門之謬以分別邪正也欲知大道之是當先究旁門之非旁門種種邪謬不可枚舉姑約略而討之

是非歷臟法內觀有所思

此內觀五臟着於存想之旁門

履罡步斗宿六甲次日辰

此履罡步斗泥於符術之旁門

陰道厭九一濁亂弄元胞

此九淺一深。採陰補陽之旁門。
食氣鳴腸胃。吐正吸外邪。
此呑服外氣。吐故納新之旁門。
晝夜不臥寐。晦朔未嘗休。
此搬精運氣。長坐不臥之旁門。
身體日疲倦。恍惚狀若癡。百脈鼎沸。馳不得清澄居。
以上五種旁門。俱是求之身內者。種種揑怪。勉强行持。究其流弊。至于身體疲倦。精神恍惚。周身之百脈。勢必奔逸散馳。而無一刻清寍澄湛之時。求之身內者。其悪驗。如此。
累土立壇宇。朝暮敬祭祀。鬼物見形象。夢寐感慨之。
此祭鍊鬼物入夢現形之旁門。
心[illegible]悅。自謂必延期遽。以夭命死。腐露其形骸。
以上一種旁門。是求之身外者。初時朝暮祭祀。妄冀鬼物救助。益算延年。不知反爲鬼物所憑。流入陰魔邪術。旣而或遭魔難。或遘奇疾。本欲長生。反夭厥命。腐露形骸。爲世俗之所恥笑矣。求之身外者。其惡驗又如此。
章首。是非二字。直貫到底。言金丹大道。全在養性。非是

此等旁門可得而混入也養性工夫即在前兩章中旁門反之故招種種惡驗

舉措輙有違悖逆失樞機諸術甚衆多千條有萬餘前却違黃老曲折戾九都明者省厥旨曠然知所由

此段結言旁門之背道也金丹大道莫過養性原本黃帝老子虛無自然宗旨故陰符道德兩經直指盡性盡命最上一乘法門與三聖作易同一樞機世人不悟往往流入旁門動輙千差萬別悖逆之極全失其樞機矣以上所列五六種或求之身內或求之身外只是略舉

一隅引而伸之千條萬緒可以類推大約非黄老復命歸根之功卽非黄老九宫洞房之奥此輩甘墮旁蹊如却行求前徒費曲折耳明眼之士亟發信心參禮真師窮取性命根源本來面目倘能于片言之下洞徹宗旨方知本來一條平坦道路人人可得而由再加向上工夫勤行伏鍊庶乎脫旁蹊而超彼岸矣

上篇

下卷言伏食共計七章乃上篇之下也

此章專言伏食而御政養性已寓其中前面御政諸章但陳一陰一陽法象養性諸章但指一性一命本體至於陰陽之配合性命之交併別有妙用存焉此伏食之功所以爲金丹最要關鍵也伏者取兩物相制爲用食者取兩物相併爲一蓋假鉛汞凡藥巧喻性命真種借鼎爐外象旁通身心化機以有形顯無形乃是伏食宗旨究非燒茅弄火一切旁門可得而假借也藥在爐中須用真火煆鍊故末篇又云爐火之事

兩弦合體章第九

此章直指金水兩弦之炁。先分後合。示人以真藥物也。

火記不虛作。演易以明之。偃月法爐鼎。白虎爲熬樞。汞日爲流珠。青龍與之俱。舉東以合西。魂魄自相拘。

此節指兩弦真炁。爲金丹之用也。前養性章中。俱說虛無自然大道。尙不及龍虎鉛汞諸異名。到此方說臨爐作用。要緊全在金水兩物。曰爐鼎。曰鉛汞。曰龍虎。曰上下兩弦。種種曲譬。皆是物也。世傳古丹經有火記六百篇。魏公倣之作參同契。其實非也。火記本無其文。即在

先天義易中蓋日月爲易不過一陰一陽體屬乾坤用
寄坎離一切異名皆從此演出于乾坤寓爐鼎法象于
坎離寓藥物法象其餘六十卦三百六十爻即寓火候
法象一日兩卦一月之候正應周天三百六十度數又
以一月配一年便成火記六百篇究竟只是日月爲易
一陰一陽而已故曰火記不虛作演易以明之坎爲太
陰真水本是月精然必受符于日晦朔交會之間陰極
轉陽魄中生魂一陽實生于朔火力尚微到初三日沒
時庚方之上一陽初動而爲震一鈎偃仰成偃月之象

坎水中產出金精所謂虎向水中生也金伏爐中必須煅之乃出是爲上弦兌體故曰偃月法爐鼎白虎爲熬樞此舉爐鼎以包藥物也離爲太陽真火本是日光然必合體于月日月對望之際陽極轉陰魂中生魄一陰實生于望水烝尚藏到十六日平明時辛方之上一陰初降而爲巽盛滿欲流有流珠之象離火中生出木液所謂龍從火裏出也木性順金恒欲流而就下是謂下弦艮體故曰汞日爲流珠青龍與之俱此舉藥物以該爐鼎也于是驅東方之龍以就西方之虎流珠與金華

情性既已相投地魄與天魂金木自然相制故曰舉東以合西魂魄自相拘此言兩竅互用金烝相胥之妙假兩弦法象以發明之也

上弦兌數八下弦艮亦八兩弦合其精乾坤體乃成二八應一斤易道正不傾

此節言兩弦之烝合而成丹也自震庚一點偃月進至一陽便屬上弦之兌其卦氣納丁此時水中胎金魄中魂半所謂上弦金半斤也如顛倒取之亦可云水半斤故曰上弦兌數八自巽辛一點流珠退到二陰便屬下

弦之艮其卦氣納丙此時金中胎水魂中魄半所謂下弦水半斤也如顛倒取之亦可云金半斤故曰下弦艮亦八前取兩物相制故云金木此又取一體相生故云金水其用一也兌體本屬純乾因上爻易坤一陰遂成少女艮體本屬純坤因上爻易乾一陽遂成少男今者兩畔同升合而爲一純金還乾性處內而立鄞鄂純水還坤命處外而作胞胎一粒金丹產在中黃土釜豈非兩弦合其精乾坤體乃成乎須知兩弦之時即具全體到得全體之時却不見有兩弦全體之合得諸自然兩

弦之分別有妙用所謂月之圓存乎口訣也夫兩弦既合鉛止半斤汞惟八兩正應金丹一斤之數乾坤之全體從艮兌之分體而成也艮兌之分體又從坎離之中體而出也坎離之體不過一日一月前所云日月為易者到此適得其平而無傾昃之患矣故曰二八應一斤易道正不傾卽後天兩弦之用以還先天乾金之體方是金丹作用正所云演易以明之者此伏食之第一義也

金返歸性章第十

金入於猛火色不奪精光自開闢以來日月不虧明金不失其重日月形如常金本從月生朔旦受日符金返歸其母月晦日相包隱藏其匡廓沈淪于洞虛金復其故性威光鼎乃熺

此章直指先天金性爲丹道之基也上章並舉金水兩弦猶屬對法此則併兩歸一直提金性根源令學道者知有歸宿處且如世間真金入猛火中煆鍊一番精光自然倍增罔有奪其色者凡金尚然矧此本來金性原屬乾元先天地生萬劫不壞有能奪其精光者乎故曰

金入于猛火。色不奪精光。當其混濛初剖。地闢天開。乾中一陽。既破而爲離。坤中一陰。遂實而爲坎。坎屬太陰。其精爲金。離屬太陽。其光爲火。坎中眞金。煆以離中眞火。精光自然團結不散。所以日月合體。而亘古亘今。光明不息。故曰自開闢以來。日月不虧明。世間眞金入猛火中。煆煉數過。分量終不增減纖毫。況本來金性。無欠無餘。由他在乾坤大冶中。千變萬化。分量斷然不增不減矣。所以自有日月以來。升沉出沒。不知幾經薄蝕。而圓明之體。萬古常存者。惟金性不毀。故曰金不失其重日月形如常金之精光本一而日月分受之日得其光常主外施月得其精常主內藏究竟日月原非二體精光亦非二物坎中金精雖若寄體于月實則受胎于日人但見初三之夕一點陽光倏從庚方出現似乎金從月生不知這點光明元從太陽中來只因晦朔之交日月合璧日魂返照月魄感而有孕至于朔旦一陽初動月魄乃遡日魂而生明震來受符矣故曰金本從月生朔旦受日符蓋坎中金精原從乾金中分來故以乾爲父又從坤土中產出故以坤爲母月當晦時與日

媾精兩相撢持日在上月居下日精入在月中盡爲太陰所收月光包在日內盡爲太陽所攝光盡體伏純黑無光乃坎金返歸坤土之象故曰金返歸其母月晦日相包當金返歸母之時月既爲日所包陽光遂隱匿潛伏深藏于北方虛危之地一點金精沉在北極太淵空洞虛無之中在造化爲日月合璧璇璣停輪在吾身爲神歸炁穴大藥入爐之時也故曰隱藏其匡廓沉淪于洞虛未幾而陰極陽生金性來復庚方之上一陽復萌在造化爲哉生明在吾身爲大藥將產出坤爐而上升

乾鼎坎中真金到此纔得返本還源復其乾父之性赫然成丹而光明洞徹太虛矣豈非金復其故性威光鼎乃熺乎

此章直指金性爲造化之根生身之本造化之奧全在河圖水爲五行開先故天一卽生水沿而下之水生木木生火火生土到土方纔生金金獨處其最後而全五行之氣是造化以金爲要終也土爲五行殿後故天五纔生土遡而上之生土者火生火者木生木者水水郄從金而生金復處其最先而闢五行之源是造化又以

金爲原始也此此終則有始之妙也金在吾身卽屬先天祖性父母未生以前此性圓同太虛迨媾精以後地水火風四大假合而成幻軀太虛中一點眞性落于其中方能立命是吾身以金爲原始也及乎四大假合之軀終歸變滅而此金性獨不與之俱變萬劫長存是吾身又以金爲要終也此無終無始之妙也昔羲皇作易剖開太極劈破天心最初落下一點便成乾卦乾爲天而孔子翼之曰萬物資始乾爲金而孔子翼之曰純粹以精此萬世盡性至命之準則也釋迦得此以證丈六之

身故尊之曰金仙元始得此以結一黍之珠故寶之曰金丹三教根源同一金性外此即墮旁蹊曲徑矣此學道者所當細參也

從金性二字參出三教聖人立地處可謂泄盡天機即此見參同一書無人不當讀無時不當讀矣

真土造化章第十一

此章專揭二土之用造化成丹示人以歸根之要也

子午數合三戊己號稱五三五旣和諧八石正綱紀呼吸相含育停息爲夫婦

此節言水火二用必歸于中土也蓋丹道妙用無過水火水火妙用不離戊已大約舉一即兼兩舉兩即兼三會三乃歸一故水火旣濟其功用全賴中央眞土水屬北方正子在吾身爲坎戊月精天一所生其數得一火屬南方正午在吾身爲離巳日光地二所生其數得二兩者一合便成三數坎中有戊是爲陽土離中有巳是爲陰土在吾身爲中黃眞意土本天五所生獨得五數故曰子午數合三戊巳號稱五合之而三性具矣水火異性各不相入惟賴中央土德多方調燮方得相濟爲

用由是水一火二得中央之土列爲四象重爲八卦四正四隅分布環拱便成八石之象豈非三五既和諧八石正綱紀乎外鍊之術以五金配五行以八石配八卦丹頭一到五金八石皆點化而成真金故仙翁假外象以喻內功切不可泥相執文水火既已相濟其中一闔一闢便有呼吸往來呼至於根吸至於蒂總賴中宮真土含藏而停育之此呼吸非口鼻之氣乃真息也真息往來初無間斷自相闔闢於中土不啻夫婦之相配偶乃真胎也中宮之真胎不動而一水一火自然呼吸其

中猶太虛之真胎不動而一日一月自然呼吸其中豈非呼吸相含育佇息爲夫婦乎此段直指真意爲金丹之母南華經云真人之息以踵心印經云呼吸育清黃庭經云後有密戶前生門出日入月呼吸存皆言真息也此處指北方正子爲水南方正午爲火以本體而言後面指離中流珠爲水坎中金精爲火又以顛倒互用而言矣

黃土金之父流珠水之子水以土爲鬼土鎮水不起朱雀爲火精執平調勝負水盛火消滅俱死歸厚土三性既合

會本性共宗祖

此節言真土妙用能使三家歸一也戊己二土分屬水火水火之中便藏金木而終始不離於土蓋生身受炁之初即有中黃真土爲金精之所自出此金本是乾家祖性中宮不動元神只因乾金一破流入坤中實而爲坎坎中金精便屬戊土即所謂金華也惟坎中真金從乾爻而生故曰黃土金之父乾之一陽旣入坎中中間換入一陰破而爲離正是坤宮真水化出離中木液便屬己土即所謂太陽流珠也惟離中流珠從坤母而出

故曰流珠水之子此言三性之順而相生者也坎中金精是爲太陽真火離中木液是爲太陰真水離中陰水易至泛濫來尅坎中陽火坎中之火乃生中央真土以制之故曰水以土爲鬼土鎮水不起離中之水能尅坎中真火中央之土能制離中真水而坎中之火又能生中央真土所以水火相尅兩下交戰全賴中央真土調停火候不使兩家偏勝庶幾各得其平故曰朱雀爲火精執平調勝負朱雀是火候之火不可偏屬兩家所以特稱火精火盛而有炎上之患賴真水以消滅之水盛

而有泛溢之虞又賴真土以鎮伏之火性一死永不復燃水性一死永不復流俱銷歸于真土之中故曰水盛火銷滅俱死歸厚土此言三家之逆而相尅者也三家順而相生須從中宮之土生起三家逆而相尅亦從中宮之土尅起所以丹道作用全在真意念頭起處係人生死之根順之則流轉不窮逆之則輪迴頓息于此起手即于此歸根不可不知離中真水稱一性坎中真火稱一性中央真土獨稱一性方其未歸之前強分三性既歸之後方知三性本來只是一性最初太極函三渾

然天地之心不可剖析因混沌一剖水火遂分上下兩弦併中土而成三家此由合而分也後來兩弦之炁由分而合戊已二土銷歸中央依然一箇宗祖張紫陽所謂追二炁于黃道會三姓于元宮是也故曰三性旣會合本性共宗祖初云夫婦以兩性相配而言也繼云父子言兩性之所自出也究云宗祖乃併爲一性矣夫婦喻坎離父母喻乾坤是爲兩儀四象宗祖喻中央祖土便是返太極處歸根復命之妙於此可見

巨勝尙延年還丹可入口金性不敗朽故爲萬物寶術士

伏食之壽命得長久士遊于四季守界定規矩金砂入五內霧散若風雨薰蒸達四肢顏色悅澤好髮白皆變黑齒落還舊所老翁復壯丁耆嫗成姹女改形免世厄號之曰真人

此節言伏食之神驗也三性會合便成金丹吞入口中便稱伏食迥非旁門服食之術也世間藥草如巨勝之類尚可延年益算況金性堅剛萬劫不朽豈不為萬物中至寶道術之士倘能伏此先天一炁壽命有不長久者乎戊巳二土本無定位周流四季在東則為辰土在

南則為未土在西則為戌土在北則為丑土木火金水無非土之疆界作丹之時賴此土以立中宮之基伏丹之時仍賴此土以定四方之界故曰土遊于四季守界定規矩金砂即還丹也蓋兩物所結就者入五內即是入口蓋指方寸而言非服食之邪說也霧散若風雨以下俱是伏丹後自然之驗丹既吞入口中靈變不測周身八萬四千毛孔若雲騰霧散風雨暴至之狀四肢自然薰蒸顏色自然悅澤髮白還黑齒落轉生老翁復成壯男老嫗變成姹女刧運所不能制造物所不能厄任

他滄海成田由我逍遥自在號之曰真人不亦宜乎

同類相從章第十二

此章言同類相從方稱伏食而外煉者失其真也

胡粉投火中色壞還爲鉛氷雪得温湯解釋成太玄金以砂爲主禀和于水銀變化由其真終始自相因

此節正言水火同類相變化而成丹也何爲同類人但知坎爲水不知坎中一陽本從乾家來正是太陽真火陽與陽爲同類故坎中真火恒欲炎上以還乾人但知離爲火不知離中一陰本從坤宮來正是太陰真水陰

與陰同類故離中真水恒欲就下以還坤此卽大易水流濕火就燥本乎天者親上本乎地者親下各從其類之義也魏公先以世間法喻之如胡粉本是黑鉛燒就一見火則當下還復爲鉛氷雪本是寒水結成一見湯則立刻解釋成水可見火還歸火水還歸水本性斷不可違矣鍊金丹者只取一味水中之金水中之金卽命蒂也本來原出于乾性自乾破爲離離爲性根中有真陰得南方火烝砂之象也學人欲了命宗必須以性爲主故曰金以砂爲主而此離中砂性得火則飛未易降

伏仍賴北方水中之金以制之學人欲了性宗又必須以命爲基故曰真和于水銀要知砂與水銀原是一體同出而異名者也其初原從一體變化而成兩物其究還須從兩物變化而歸一體只此真陰真陽同類交感相因爲用而已故曰變化由其真終始自相因變化之法不過流戊就已顛倒主賓使後天坎離還復先天乾坤耳張紫陽云陰陽得類方交感二八相當自合親此之謂也

欲作伏食仙宜以同類者植禾當以穀覆雞用其卵以類

輔自然物成易陶冶魚目豈爲珠蓬蒿不成檟類同者相從事乖不成寶燕雀不生鳳狐兎不乳馬水流不炎上火動不潤下

此節旁證同類之義也伏食之法只取砂與水銀二物變化成丹金以制砂其義爲伏吞入五內其義爲食非伏食無由作仙非同類之物無由取以伏食故曰欲作伏食仙宜以同類者此二句爲通章要領以下旁引曲喻總是發明同類二字世間一切有情無情之物莫不各有其類若同類相從有如植禾之必以穀覆雞之必

用卵其氣自然相輔庶幾物得化生而易于陶冶矣若
非類强合則如魚目之不可爲珠蓬蒿之不得成檟燕
雀之決不生鳳狐兎之決不產馬其性迥然各别必至
事情乖違而難以成實矣何况水本流濕其潤下之性
也一流即不能强之使上火本就燥其炎上之性也一
動即不能强之使下此一坎一離所以各從其類砂與
水銀之所以變化而成丹也即伏食之義也

世間多學士高妙負良材邂逅不遭遇耗火亡資財據按
依文說妄以意爲之端緒無因緣度量失操持擣治羌石

膽雲母及礬磁硫黃燒豫章泥汞相鍊飛鼓鑄五石銅以之爲輔樞雜性不同類安肯合體居千舉必萬敗欲黠反成癡稚年至白首中道生狐疑背道守迷路出正入邪蹊管窺不廣見難以揆方來僥倖訖不遇聖人獨知之

此節指破爐火之謬言一切有形有質者皆非同類之眞也欲鍊還丹必須採取藥物一性一命本先天無形之妙喻爲鉛汞迥非凡砂水銀欲鍊還丹必是安爐立鼎藥物入爐用先天眞火煆鍊喻爲爐火迥非燒茅弄火還丹工用全資火候始而烹煉旣而溫養終而變化

一粒圓成脫胎入口喻爲伏食迴非服餌金石然而金丹大道萬刼一傳兼且世人福薄難逢真師往往多流于僞術有等狂夫自負高材博學不求真師指授妄認已意傳會丹經遂以凡藥爲鉛汞以燒煉爲爐火以服餌爲伏食旣不識端緒又不知度量于是廣求五金八石襍用三黃四神旣非本來同類之物安肯合體成丹是猶認魚目以爲珠望狐兎以生馬也此等僞術勢必萬舉萬敗白首無成小則耗損資財大則喪身失命似黠而實癡當疑而反信此爲守迷背道出正入邪不肯

自已認錯轉將錯路指人遂以管窺蠡測之見著書立言貽誤方來塞却後來途徑瞎却後人眼目以至人法眼觀之無半點是處此輩尚不覺悟方且欲僥倖于萬一豈不謬哉首章指出兩弦真氣次章獨揭先天金性三章纔說三性會合直到還丹入口位證真人伏食之旨已無餘蘊矣但世人惑于旁門燒煉之術往往假託伏食而實非同類之真故此章重言以破其迷呂公警世詩云不思還丹本無質翻餌金石何太愚引而不發其即仙翁破迷之意乎

祖述三聖章第十三

此章言祖述三聖之易以闡明大道也

若夫三聖不過伏羲始畫八卦效法天地文王帝之宗結體演爻辭夫子庶聖雄十翼以輔之三君天所挺迭興更御時優劣有步驟功德不相殊制作有所踵推度審分銖有形易忖量無兆難慮謀作事令可法爲世定此書

此節言三聖作易爲大道之淵源也道體同于太虛本無名象邃古以前混混沌沌忘乎道無非道也自聖人作易方纔鑿破混沌一切天機乃盡泄矣易之爲書畫

卦始于伏羲。繫辭演于文王。十翼成于孔子。更三聖而易道始備。羲皇爲開天之聖。宇宙在手。萬化生心。當時仰觀俯察。窮取造化根源。天不愛道。于是河出圖。洛出書。爲之印證。從此灼見造化根源。只一太極。太極之精蘊。不出河圖洛書。河洛之中五。卽太極也。由此分出一陰一陽而爲兩儀。由兩儀而生四象。由四象而生八卦。八卦旣畫。其序則乾一。兌二。離三。震四。巽五。坎六。艮七。坤八。乾以原始。坤以要終。兩頭包括陰陽。震爲天根。巽爲月窟。一中分出造化。其位則乾南坤北。離東坎西。兌東南。艮西北。巽西南。震東北。陰陽之純且中者。居四正。雜且偏者。居四隅。天位乎上。地位乎下。乾坤定子午之位。日生于東。月生于西。坎離列卯酉之門。以至山鎮西北。澤注東南。風起西南。雷動東北。悉合造化自然法象。重之為六十四卦。其序其位。大略相同。蓋卦未畫時。易在天地。卦既畫時。天地在易。是謂效法天地。此先天之羲易也。先天之易。但立其體。未究其用。厥後連山首艮。歸藏首坤。夏商之易。雖各有其用。而精義未彰。至商周之際。文王蒙難羑里。身經憂患。大用現前。乃翻轉羲皇局面顛倒乾坤化機其位則離火自東而南代乾之位乾之大用在離向明之象也坎水自西而北代坤之位坤之大用在坎藏用之地也震木本在東北進而居東以代離木與火爲侶也兌金本在東南退而居西以代坎金與水爲朋也退乾父于西北實居坎水之前取乾知大始之義置坤母于西南實居離火之後取坤作成物之義艮來東北處先天震位長男返爲少男陽以進極而退也巽往東南處先天兌位少女轉爲長女陰以退極而進也陰陽之少而交者居四正老而不交者居

四隅義取交易爲用其八卦之序則自帝出乎震以至成言乎艮循環無端終始萬物義取變易爲用其六十四卦之序則始于乾坤中于坎離終于既濟未濟義取反對爲用位置旣易因象繫辭係在卦下者謂之彖辭如元亨利貞之類係在逐爻者謂之爻辭如潛龍勿用之類象辭占變粲然大備是謂結體演爻辭此則後天之周易也孔子生諸聖之後晚而好易韋編三絕其義益精作十傳以羽翼聖經謂之十翼彖象文言專發文王後天之辭繫辭說卦兼明伏羲先天之象序卦雜卦

旁通流行之妙反對之機大約盡性至命之微言窮神知化之與義無不悉備其中是謂十翼以輔之使人從後天以返先天而易道集其大成矣三聖皆天挺之資迭興間出倡明大道作述雖分先後功德實無優劣伏羲之易取諸造化文王之易取諸伏羲孔子之易兼取諸羲文或作或述同出一源其間分數銖兩毫髮不差無兆者形而上之道太極是也有形者形而下之器卦爻象數是也形上之道難以揣摹形下之器易爲忖度所以畫卦繫辭作翼而一陰一陽之道遂冒乎其中三

聖定爲此易書正欲萬世學道之士則而象之耳
素無前識資因師覺悟之皓若褰帷帳瞋目登高臺火記
六百篇所趣等不殊文字鄭重說世人不熟思尋度其源
流幽明本共居竊爲賢者談曷敢輕爲書若遂結舌瘖絕
道獲罪誅寫情著竹帛又恐泄天符猶豫增歎息俛仰綴
斯愚陶冶有法度安能悉陳敷畧述其綱紀枝條見扶疏
此節言準易以作參同契直敘其源流也魏公自言大
道非真師不傳天縱如三聖制作且有所踵況我素無
先知之資豈能坐進大道幸遇真師先覺而始得開悟

耳因師覺悟之後夙障盡空疑團氷解雙目洞明有若
褰帷幌而登高臺豈不快哉易有六十四卦除去乾坤
坎離四卦應爐鼎藥物其餘一日兩卦朝屯暮蒙一月
三十日準六十卦十月三百日便準六百卦究竟簇年
歸月簇月歸日簇日歸時火候工夫只在一刻文雖鄭
重旨趣不殊非果有六百篇火記也奈世人不能好學
深思究其源流之所在倘能究之只此一坎一離月幽
日明同類共居日月爲易通乎晝夜便是無上至真妙
道我今因師覺悟灼見道在目前祇可與一二賢者共

談不敢輕易筆之于書也然遂閉口結舌誠恐逆天道而獲譴若盡情著之竹帛又恐泄天寶而罹愆進退兩難猶豫俛仰只得假大易有象之文寓大丹無形之用費盡陶冶約略敷陳鼎器藥物粗述綱紀採取烹煉微露枝條冀後學之得意而忘言耳蓋書不盡言言不盡意仙翁參同一書實與三聖作易盡性至命窮神知化之宗旨若合符節世之有緣遇師者得此一印證而了然矣

還丹法象章第十四

此章全舉還丹法象以爲入室之準則也

以金爲隄防水入乃優游金數十有五水數亦如之臨爐定銖兩五分水有餘二者以爲眞金重如本初其土遂不離二者與之俱

此節言金水二炁爲金丹之眞種也蓋還丹妙用徹始徹終只此金水二物建之卽爲爐鼎採之卽爲藥物烹之卽爲火候乃至抽添運用脫胎神化無不在此然學道之士當知所先後未有隄防不立而得金水之用者也坎中之金本伏處而在內然內者不可不出金丹作

用必須先立隄防牢鎮六門元氣方不外泄離中之水易泛濫而在外然外者不可不入況隄防旣立不許泛濫眞精無復走漏自然優游入爐故曰以金爲隄防水入乃優游金水兩物之中本藏戊已二土土之生數得五成數得十坎中之金納戊是得其十數之五也離中之水納已是亦得其十數之五也二土合而成圭兩弦之炁恰好圓足故曰金數十有五水數亦如之隄防既立方及臨爐之用臨爐配合仍舊是金水二物但銖兩分數纖毫不可差錯眞水眞金二者須要適均不可太

過亦不可不及故水止于五分當防其有餘而泛濫不可太過也金亦須五分當重如原初之銖兩不可不及也金水二者旣得其真自有真土調和其間蓋離中納己其五分之水卽己土也坎中納戊其五分之金卽戊土也舉金水二物而真土在其中矣及至戊己二土會入中央亦適得五分本數三家相會恰圓三五之數故曰其土遂不離二者與之俱三五之義出于河圖東三南二木火爲侶北一西四金水爲朋此處但舉金水而不及木火者蓋以金水爲精魄如人之形木火爲神魂

如人之影形動則影隨寸步不離木火之于金水亦然
精魄既合同而化神魂亦與之俱妙矣此金丹造化之
妙也

三物相含受變化狀若神下有太陽炁伏蒸須臾間先液
而後凝號曰黃輿焉歲月將欲訖毀性傷壽年形體爲灰
土狀若明窗塵

此節言坎離交會金丹之法象也金水兩弦之炁得真
土以含育之是爲三物一家其中自生變化之狀而神
明不測矣蓋前後隄防既已完固不容絲毫走漏爐中

真炁自然發生然後抽坎中之陽塡離中之陰北海中
太陽真火熏蒸上騰須臾之間離宮真水應之先時化
爲白液後乃凝而至堅兩者交會于黃房運旋不停有
黃輿之象所謂嬰兒姹女齊齊出却被黃婆引入室也
然此兩物未交之前當以真意合之兩物既交之後又
當以真意守之一點陽炁歛入厚土中生機轉爲殺機
譬若窮冬之際萬物剝落而歸根故曰歲月將欲訖毀
性傷壽年初時神入炁中寂然不動似乎槁木死灰久
之生機復轉一點真炁希微隱約滃然上升有如野馬

塵埃之狀故曰形體爲灰土狀若明窗塵塵此爲坎離始媾大藥將產之法象

擣治并合之持入赤色門固塞其際會務令致完堅炎火張于下龍虎聲正勤始文使可修終竟武乃成候視加謹密審察調寒溫周旋十二節節盡更須親氣索命將絕體死亡魄魂色轉更爲紫赫然稱還丹粉提以一丸刀圭最爲神

此節言乾坤交媾還丹之法象也坎離既交會于黃房搏鍊兩物併合爲一養在坤爐之中時節一到大藥便

產所謂水鄉鉛只一味是也大藥既產卽忙採取當以眞意爲媒廻風混合徐徐從坤爐升入乾鼎方得凝而成丹故曰擣治併合之持入赤色門此二句有吸舐撮閉無數作用在內赤色門卽絳宮乾鼎是也藥既升鼎漸凝漸結又徐徐從乾鼎引下送歸黃庭此時當用固濟之法深之又深密之又密直到虛極靜篤一點眞陽之炁方不泄漏故曰固塞其際會務令致完堅固塞之極一陽動于九地之下形如烈火斬關而出正子時一到亟當發眞火以應之霎時乾坤闔闢龍虎交爭便有

龍吟虎嘯之聲故曰炎火張于下龍虎聲正勤大藥初生用文火以含育之方得升騰而出爐大藥既生用武火以煅煉之方得結實而歸鼎故曰始文使可修終竟武乃成此中火候不可毫髮差殊當用文而失之于猛則火太炎矣當用武而失之于弱則火太冷矣必相其寬猛之宜調其寒溫之節方能得中故曰視候加謹密審察調寒溫子時從尾閭起火應復卦一陽初動是爲天根直至六陽純乎乾動極而復靜矣午時從泥丸退火應姤卦一陰初靜是爲月窟直至六陰純乎坤靜極

而復動矣故曰周旋十二節節盡更須親此乾坤大交之法象也動靜相生循環不息鍊之又鍊日逐抽鉛添汞久之鉛盡汞乾陰消陽長方得變種性爲真性化識神爲元神陰滓盡除則尸氣滅而命根萃斷陽神成象則凡體死而魂魄俱空故曰氣索命將絕體死亡魄魂關尹子所謂一息不存道將來契正此時也至于伏鍊久久絕後再甦心死神活而鼎中之丹圓滿光明塞乎太虛矣豈非色轉更爲紫赫然稱還丹乎金丹本乾家所出還歸于乾故稱還丹色轉紫者取水火二烝煆鍊

而成也還丹有氣無質不啻如一丸之粉一匕之刀圭而其變化若神已如此從此脫胎換鼎再造乾坤子又生孫神化不測過此以往未之或知矣豈非粉提以一丸刀圭最爲神乎刀者水中金也圭者戊己二土也可見徹始徹終只取金水土三物變化而成還丹耳崔公入藥鏡云飮刀圭窺天巧呂祖沁園春云當時自飮刀圭又誰信無中產就兒其旨略同

此章全露還丹法象係伏食卷中大關鍵處初言兩物相交則伏炁于坤爐而產藥繼言一陽初動則凝神于

乾鼎而成丹前兩節總是金丹作用後一節方是還丹作用入藥鏡云產在坤種在乾悟真篇云依他坤位生成體種在乾家交感宮皆本諸此章

還丹名義章第十五

此章結言還丹名義不外水火之性情也

推演五行數較約而不繁舉水以激火奄然滅光明日月相薄蝕常在晦朔間水盛坎侵陽火衰離晝昏陰陽相飲食交感道自然

此節言水火交感雖變而不失其常也蓋丹道之要不

外一水一火水火本出一原後分兩物乾中一陽走入坤宮成坎坎中有太陽真火坤中一陰轉入乾宮成離離中有太陰真水水火二炁互藏其根化化不窮五行全具其中蓋水能生木木能生火火能生土土能生金金轉生水左旋一周而相生便是河圖順數火能尅金金能尅木木能尅土土能尅水水轉尅火右旋一周而相尅便是洛書逆數一順一逆一生一尅而五行之千變萬化總不出其範圍故曰推演五行數較約而不煩天一生水水本真陽落在北方太陰之中所以水反屬

陰地二生火火本眞陰升在南方太陽之位所以火反
屬陽陰盛便來侵陽水盛便能滅火蓋先天無形之水
火主相濟爲用後天有形之水火便主相激爲仇故曰
舉水以激火奄然滅光明天上之日月卽是世間之水
火日屬太陽火精其光無盈無虧月屬太陰水精借太
陽以爲光晦朔之交日與月並會于黃道謂之合朔然
但同經而不同緯故雖合朔而日不食若同經而又同
緯月不避日陽光便爲陰魄所掩所以太陽薄蝕長在
朔日故曰日月相薄蝕常在晦朔間人身與造化若合

符節世人但知坎水爲月不知離中一點真水正是月精但知離火爲日不知坎中一點真火正是日光晦朔之交日月合璧水火互藏一點太陽真火沉在北海極底邵子所謂日入地中媾精之象也在丹道爲坎離會合一陽初動之時此時當温養潛龍勿可輕用直到陽光透出地上方纔大明中天若真陽不能作主陷在陰中無由出爐卽是北方寒水過盛浸滅太陽之象真火既爲寒水所浸日光便受重陰掩卽正當中天陽盛之時奄奄衰弱昏然而無光矣故曰水盛坎侵陽火衰離

晝昏坎居北方幽闕之中正子位上月當朔之象也離居南方向明之地正午位上日當晝之象也水火均平方得交濟爲用一或偏勝便致薄蝕爲災日月之相薄蝕卽舉水以激火奄然滅光明之義也當與中篇晦朔薄蝕掩冒相傾參看雖然此特言其變耳若水不過盛火不過衰日以施德月以舒光水火自然之性情卽陰陽交感之常道薄蝕災變何自而生故曰陰陽相飲食交感道自然日月反其常道故云薄蝕陰陽循其自然故云飲食蓋以造化日月之合有常有變喻身中坎離

之爻有得有失不可不慎密也
名者以定情字者緣性言金來歸性初乃得稱還丹
此節言金返歸性乃還丹之了義也離中元精本太陰
真水又稱木液坎中元炁本太陽真火又稱金精丹道
以水火爲體金木爲用關尹子曰金木者水火之交是
也金木雖分兩物究其根源只一金性金性本出先天
之乾未生以前純粹以精萬劫不壞只因有生以後混
沌一破走入坤宮是爲坎中金精乾家之性轉而稱情
乾之一陽旣變爲坎其中換入坤之一陰是爲離中木

液坤家之情轉而稱性蓋木主寧靜字之曰性所謂人生而靜天之性也金主流動名之曰情所謂感于物而動性之欲也兩者同出異名譬如只此一个人既有名復有字名字雖分兩樣性情原是一人故曰名者以定情字者緣性言其初乾中之金變而成坎便是性轉為情一轉則無所不轉輪迴顛倒只在目前所謂順去生人生物也今者仍取坎中真金還而歸乾便是情返為性一返則無所不返堅固圓常頓超無漏所謂逆來成聖成仙也學道之士若能于感而遂通之後弗失其寂

然不動之初而丹乃可還矣故曰金來歸性初乃得稱
還丹此兩句不特為一部參同契關鍵且能貫穿萬典
千經楞嚴經云如金鑛襍于金精其金一純更不成襍
圓覺經云如銷金鑛金非銷有既已成金不重為鑛經
無窮時金性不壞是此義也呂純陽云金為浮來方見
性木因沉後始知心張紫陽云金鼎欲留朱裏汞玉池
先下水中銀亦此義也可見三藏梵典只發揮得金性
二字萬卷丹經只証明得還丹二字且更兼質之義易
若合符節可以豁然矣還丹法象已備見上章此特結

言其名義耳

吾不敢虛說倣傚聖人文古記顯龍虎黃帝美金華淮南鍊秋石玉陽加黃芽賢者能持行不肖毋與俱古今道由一對談吐所謀學者加勉力留念深思維至要言甚露昭昭不我欺

此節言還丹宗旨實祖述從上先聖也自開闢以來只有此一點金性得此以自度超凡入聖固是這箇得此以度世著書立言也是這箇所謂千百世之上千百世之下有聖人出焉此心此理無不同也逈非一切虛詞

曲說可得而擬故曰吾不敢虛說倣傚聖人文本來金性無名無字古聖因覺悟末學强爲安名立字種種不一還丹之道取龍虎兩弦之氣相配而成古丹經中顯出龍虎兩物故曰古記顯龍虎不特此也昔黃帝煉成還丹美其名曰金華淮南丹成又名秋石玉陽丹成又名黃芽龍虎象一金一木金華象水中之金秋石色本黑而轉白亦象水中之金黃芽象土中之金究竟名字雖殊性情則一所謂較約而不煩者也即如篇中言龍虎言金華言黃芽不一而足或喻兩物或喻真種要皆

本黃帝以來之遺文豈故爲虛詞曲說以誤後學哉然此事只可與賢者行持斷斷不可與不肖者同事何以故賢者性慧而能通得眞師一言開悟便知專求先天金炁煉成還丹不受羣惑不肖者性鈍而易惑聞說龍虎便疑是爐火外道聞說金華黃芽便猜做五金八石聞說秋石便思煉食遂溺錯認先聖大道流入旁門此輩詎可與共事哉豈知一切異名總不出先天金性只此一事實餘二卽非眞先聖先賢得心應手之後著書立說雖各出手眼然到宗旨合同處恍如對面而談無

不吐露至切至要更無一字自欺欺人學者倘能參禮眞師研窮元奥勉力而深思之悉與此書印證毫髮不差方知還丹大道只在目前仙翁眞不我欺也何不直下承當而轉轉賺誤乎此係上篇伏食末章專爲還丹二字結尾故魏公自發其作書之原委特丁寧之

抑有疑焉魏公旣言參同一書祖述三聖之易而作矣此處倣傚聖人又別指黃帝以下一可疑也世俗相沿又云魏公不知師授誰氏得古文龍虎經倣之作參同契二可疑也愚常竊取近代所傳龍虎經反覆玩之不

特義蘊淺薄視參同有霄壤之别卽其章章相做句句相摹聲口逼肖蹈襲之跡逕顯然蓋世間好事者見此章有古記顯龍虎句求其說而不得遂造作僞書以欺世而惑衆耳後來彭曉王道輩讀書無眼甘爲所欺反以此書爲依傍龍虎經而作豈不謬哉自王彭作俑以來近代爐火家無不奉龍虎經爲指南并將此書羣入爐火牢不可破遂使金丹大道流爲旁門燒煉之術良可悲也然則做傚聖人句究竟何居曰此聖人泛指黃帝以來諸祖做傚者言金華黃芽諸異名所自出也非

嵩指龍虎經也若專指龍虎經則金華黃芽等又出何經耶即使果有龍虎經必係上古之文在魏公時尚彷彿相傳今則久已亡矣决非近代所傳之僞龍虎經也然則倣傚聖人祖述三聖兩說究竟何居曰兩者各不相悖篇中龍虎金華諸異名相沿于黃帝以來所傳之文而藥物爐鼎火候三種法象則斷斷出乎三聖之易不可誣也此御政伏食之所以相爲表裏也其參考丹經則中篇結尾維昔聖賢伏煉九鼎等句印證甚明其原本周易則下篇結尾敘大易三聖遺言等句印證

尤明後兩篇結尾實與此章首尾相應彼兩章內並不提龍虎經一字可見此處倣傚聖人其爲泛指之辭無疑矣非愚輒敢爲臆說皆據仙翁所自道也此係千古一大疑案管窺之見聊爲指破知我罪我其何敢辭伏食諸章尤與于前兩卷得此闡發不啻皎日之中天矣至如龍虎經一案以僞雜真千數百年來無人敢開口并爲道破快絕快絕

中篇。上卷御政計四章。此乃中之上也。

上卷十五章、分御政養性伏食。三卷。應藥物爐鼎。火候三要。金丹大道。已無餘蘊。然但舉其體統該括。處尚有細微作用。未及悉究。恐學者不察。流入差別門庭。故此篇仍分三卷。將差別處逐段剖析。與上篇處處表裏相應。近代諸家有分上篇爲經。此篇爲注者。又有分四言爲經。五言爲注者。不知徹首徹尾。貫通三篇。始成一部參同契。千載之下。孰從定其爲經。爲注。而徒破碎章句乎。俱係臆說。槩所不取。

此卷專言御政而養性伏食已寓其中義同上篇

四象環中章第十六

此章言乾坤坎離自相造化明先天環中之妙也

乾剛坤柔配合相包陽禀陰受雌雄相須須以造化精炁乃舒

此節言乾坤爲坎離之體也葢乾坤者易之門戶實坎離之所自出乾元爲天地之始坤元爲萬物之母乾動而直其體本剛故資始而有父道坤靜而翕其體本柔故資生而有母道兩者自相配合包含萬化故曰乾剛

坤柔配合相包父主秉與能知大始所謂雄陽播元施也母主含受能作成物所謂雌陰化黃包也故曰陽稟陰受雌雄相須兩者相須始成造化造者自無而之有化者自有而之無自無而之有則真空形為妙有乾中藏坤自有而之無則妙有返為真空坤中藏乾乾中藏坤是為太乙元精坤中藏乾是為元始祖炁主賓顛倒造化之妙見矣故曰須以造化精炁乃舒此言乾坤交而生坎離藥物即易所謂天地絪縕萬物化醇也

坎離冠首光耀垂敷玄冥難測不可畫圖聖人揆度參序

元基四者混沌徑入虛無

此節言坎離爲乾坤之用也乾坤一媾中間便成坎離離爲至陰之精坎乃至陽之炁杳冥恍惚雖後天地而用實先天地而生造化得之而爲日魂月魄光明普照能生萬物吾身得之而爲日精月華光明撮聚能產大藥豈非坎離冠首光曜垂敷乎夫此元精元炁恍惚杳冥之物非有非無可用而不可見尙且難於測識豈能傳之書圖全賴作易之聖多方揆度象以乾父坤母坎男離女故篇中得以配之爲爐鼎藥物無非參序元化

之基使內觀者知有下手處耳學道之士倘能法乾坤以立爐鼎攢坎離以會藥物日精月光兩者自然凝聚盤旋於祖竅之中混混沌沌復返先天虛無一炁大藥在其中矣故曰四者混沌徑入虛無此言坎離交而歸乾坤祖竅卽易所謂男女媾精萬物化生也

六十卦周張布爲輿龍馬就駕明君御時和則隨從路平不邪邪道險阻傾危國家

此節言火候之節度也除却乾坤坎離四卦應爐鼎藥物餘六十卦循環布列配乎周天在一日爲子午卯酉

在一月爲晦朔弦望在一年爲春夏秋冬周流反覆循環不息有張布爲輿之象既有輿不可無馬以駕之何謂龍馬龍以御天主於飛騰馬以行地主於調服作丹之時神炁相守不敢飛騰御天之乾龍化爲行地之坤馬步步循規蹈矩有若人君統御臣下立綱陳紀一毫不敢懈弛故曰龍馬就駕明君御時夫御車之法與御政大段相同須得六轡在手調和合節與從馬馬隨人穩步康莊大路宜端平而不宜欹斜若一欹斜則險阻在前覆轍立至亦猶御政者之失其常道危及國家矣

丹道以身爲輿以意爲馬御之者心君也當採取交媾之時仗心君之主持防意馬之顛劣稍一不謹未免毀性傷丹可不戒哉總是一介主宰在車則爲御者在政則爲明君在天則爲斗柄在丹道則爲天心皆言把柄在手也上篇御政章中要道魁柄等句即是此意

此章大指正與上篇首章相應乾剛坤柔一段即乾坤門戶之說也坎離冠首一段即坎離匡廓之說也六十卦周一段即運轂正軸處中制外之說也餘可類推然亦彷彿其大略而已

動靜應時章第十七

此章言火候之一動一靜。不可失其時節也。

君子居其室。出其言善。則千里之外應之。謂萬乘之主。處九重之室。發號出令。順陰陽節。藏器俟時。勿違卦月。屯以子申。蒙用寅戌。餘六十卦。各自有日。聊陳兩象。未能究悉。立義設刑。當仁施德。逆之者凶。順之者吉。

此節言動靜不失其時。爲火候之準則也。蓋作丹之要。全在周天火候。火候之要。全在一動一靜。上章言六十卦周張布爲。與已見火候之節度。與人君御政同一樞

機矣樞機之發纖毫不可苟且故復譬之以居室君子
居其室出其言善則千里之外應之此易大傳原文也
魏公因而詮釋之謂萬乘之主即本來天君九重之室
即中宮神室天君旣處窨室之中靜則寂然不動洗心
退藏動則感而遂通發號出令無非順一陰一陽之節
觀天道而執天行耳當其陽極陰生是爲月窟其卦屬
姤其月在午及其陰極陽生是爲天根其卦屬復其月
在子時不可先則當靜以待之時不可失則當動以迎
之故曰藏器俟時勿違卦月靜極而動萬化萌生屯之

象也屯也卦內體納子外體納申水生在申取萌生之義故曰屯以子申卽上篇所謂春夏據內體從子到辰巳也動極而靜萬化斂藏蒙之象也蒙卦內體納寅外體納戌火庫在戌取斂藏之義故曰蒙用寅戌卽上篇所謂秋冬當外用自午訖戌亥也兩卦反覆一晝一夜便分冬夏二至其餘六十卦各有晝夜反對在人引而伸之耳故曰聊陳兩象未能究悉二至既定中分兩弦上弦用春分本屬卯木然德中有刑反爲肅殺之義故曰立義設刑下弦應秋分本屬酉金然刑中有德反爲溫

和之仁故曰當仁施德卽上篇所謂賞罰應春秋當沐浴之時也夫子午之一寒一暑卯酉之一殺一生陰陽大分纖毫不可差錯苟合其節則外火內符自然相應如人主端拱九重一出令而千里之外皆應否則千里之外皆違矣故曰逆之者凶順之者吉

按歷法令至誠專密謹候日辰審察消息纖芥不正悔吝爲賊二至改度乖錯委曲隆冬大暑盛夏霜雪二分縱橫不應漏刻水旱相伐風雨不節蝗蟲湧沸羣異旁出天見其怪山崩地裂孝子用心感動皇極近出己口遠流殊域

或以招禍或以致福或興太平或造兵革四者之來由乎胸臆

此節正言火候之節度逆則凶而順則吉也火候之一靜一動如法令之不可違學道者但當按行而涉歷之凡進退往來于二至二分界限處立心務要至誠用意務要專密謹候其升降之日辰審察其寒溫之消息入藥鏡所謂但至誠法自然是也若于法令稍違僅僅纖芥不正便悔吝交至賊害丹鼎矣何以徵之假如冬至一陽初生法當進火然須養潛龍之萌火不可過炎夏

至一陰初降法當退火然須防履霜之漸火不可過冷倘或乖戾委曲改其常度不當炎而過炎則隆冬返為大暑不當冷而過冷則盛夏返為霜雪矣至于春秋二分陰陽各半水火均平到此便當沐浴洗心滌慮調燮中和鼎中真炁方得凝聚若用意不專縱橫四馳便于漏刻不應水若過盛則為水災火若過盛則為旱災而盲風怪雨不中其節矣不特此也倘漏刻不應小則螟蝗立起玉爐與金鼎沸騰大則山川崩裂金虎共木龍馳走以上皆所謂逆之者凶也皆因心君放馳神室無

主遂感召災變若此修道之士倘能回光内守須臾不離方寸若孝子之事父母視無形而聽無聲如此用心自然感動皇極皇極者天中之真宰即吾身天谷元神也先天元神寂然不動本無去來向背但後天一念纔動吉凶禍福旋即感通譬孝子之事父母形骸雖隔方寸潛通雖在千里之外疴癢疾痛無不相關豈非近出已口遠流殊域乎此則漏刻皆應災變不干即所謂順之者吉也可見只是一感通之機或逆之而召禍或順之而致福或端拱而獲太平之慶或躁動而釀兵革之

災吉凶悔吝之端豈不由居室者之胸臆耶蓋逆則凶
順則吉吉凶相對悔吝介乎其中雖然吉一而已凶悔
吝居其三可不愼乎
動靜有常奉其繩墨四時順宜與炁相得剛柔斷矣不相
涉入五行守界不妄盈縮易行周流屈伸反覆
此節結言動靜有一定之時不可失其準也蓋丹道之
動靜與造化同動極而靜入于杳冥則當虛已以待時
靜極而動出于恍惚則當用意以採取若當靜而炁之
以動或當動而炁之以靜卽屬矯揉造作失其常道矣

故曰動靜有常奉其繩墨既知動靜之常時當二至便該進火退符時當二分便該溫養沐浴各得其宜方與四時之正氣相應故曰四時順宜與炁相得剛屬武火柔屬文火身心未合之際當用武火以煆煉之不可稍涉于柔神炁既調之時當用文火以固濟之不可稍涉于剛故曰剛柔斷矣不相涉入金丹之要全在和合四象攢簇五行四象環布土德居中東西南北各有疆界不可過不可不及故曰五行守界不妄盈縮有陰陽之炁卽有剛柔之質有剛柔之質卽有動靜之時此吾身

中眞易也真易周流一身屈伸反覆無不合宜卽如人君一發號出令而千里之外皆應者矣

此章詳言火候節度與上篇首章屯蒙早晚春秋寒暑等句互相發明上篇舉其大概故有得而無失此處詳其纖微故得失並列俾學道者知所法戒耳

坎離交媾章第十八

此章言坎離交而產藥應一月之晦朔弦望乃小周天之火候也

晦朔之間合符行中混沌鴻濛牝牡相從滋液潤澤施化

流通天地神明不可度量利用安身隱形而藏

此節言晦朔之交日月會合爲大藥之根本也造化之妙動靜相生循環無端然不翕聚則不能發散不蟄藏則不能生育故以元會計之有貞而後有元以一歲計之有冬而後有春以一日計之有亥而後有子以一月計之必有晦而後有朔此終則有始之象也何以謂之晦朔月本無光受日魂以爲光至三十之夕光盡體伏故謂之晦此時日與月並行于黃道日月合符正在晦朔中間吾身日精月光一南一北賴真意以追攝之方

交會于中黃神室水火旣濟正在虛危中間虛極靜篤神明自生卽一刻中真晦朔也故曰晦朔之間合符行中造化之日月以魂魄相包吾身之日月以精光相感當神歸炁穴之時不覩不聞無天無地璇璣一時停輪復返混沌再入鴻濛卽此混混沌沌之中真陰真陽自相配合故曰混沌鴻濛牝牡相從元牝相交中有真種元炁絪縕杳冥恍惚正猶日魂施精月魄受化自然精炁潛通故曰滋液潤澤施化流通方其日月合符之際天氣降入地中神風靜默山海藏雲一點神明包在混

沌竅內無可覓處此即一念不起鬼神莫知境界故曰天地神明不可度量天入地中陽包陰內歸根復命深藏若虛不啻龍蛇之蟄九淵珠玉之隱川澤譚景升曰得灝炁之門所以歸其根知元神之囊所以韜其光此之謂也故曰利用安身隱形而藏

始于東北箕斗之鄉旋而右轉嘔輪吐萌潛潭見象發散精光昴畢之上震出爲徵陽炁造端初九潛龍

此節言艮之一陽反而爲震也人知月至晦日乃失其明不知實始于下弦下弦爲艮後天艮位居東北于十

二辰當丑寅之間于二十八宿當箕斗之度蓋天道左
旋主順行順起于子中地炁右轉主逆行逆起于丑寅
之間欲知天道主順當以一歲次序觀之一歲之序自
北而東以訖于南自南而西以訖于北從子到丑從丑
到寅出乎震而成乎艮後天順行之五行也欲知地炁
主逆當以一月納甲徵之納甲之運子當右轉却行以
至于未申自北轉西自西轉南是爲上弦之炁其象爲
得朋午乃東旋逆行以至于寅丑自南轉東自東轉北
是爲下弦之炁其象爲喪朋兩弦交會正當晦朔中間

剝在艮而復在震先天逆用之五行也金丹之道全用先天納甲與天上太陰同體太陰真水生于午自十六一陰之巽至廿三二陰之艮陰來剝陽僅存碩果又自東轉北正値丑寅之交箕水斗木二宿度上旋入乙癸艮之一陽盡喪而爲坤在吾身爲神入炁中萬化歸根卽所云午乃東旋東北喪朋之象也此時陰極陽生太陽真火卽生于子盡陽無剝盡之理日月撢持丑在北方虛危之地交會旣畢漸漸自北轉西月魄到此微露陽光謂之旋而右轉嘔輪吐萌一點真火隱然沉在北

海中謂之潛潭見象發散精光迨精光漸漸遍露一日二日以至三日正值未申之交昴日畢月二宿庚上庚方之上昏見一鈎如仰盂之狀坤中一陽纔出而爲震在身中爲鉛鼎初温藥苗新嫩即所云子當右轉西南得朋之象也陽炁雖然發生但造端托始火力尚微正應乾卦初九潛龍之象到此只宜温養子珠不得遽用猛火此節言日月合璧產出金丹大藥即係活子時作用尹真人云欲求大藥爲丹本須認身中活子時正此義也晦朔之間坎離交而成乾乾爲真金故稱金丹所

以金丹火候專應乾卦六陽

陽以三立陰以八通三日震動八日兌行九二見龍和平有明

此言二陽之進而爲兌也三爲少陽之位屬震八爲少陰之數屬兌震卦陰中含陽故曰陽以三立兌卦陽中帶陰故曰陰以八通初三月出庚方有震動之象初八上弦月見丁方有兌行之象月到上弦鼎中金精始旺龍德正中故又爲九二見龍和平有明之象然震之一陽纔動于二陰之下兌之一陰已行於二陽之上德中

有刑生中帶殺此沐浴之時也
三五德就乾體乃成九三夕惕虧折神符盛衰漸革終還
其初

此言三陽到乾陽極而陰生也月至望日三五之德始圓乃成乾體此時藥已升鼎金精盛滿光徹太虛然盛極而衰當防虧折故有九三夕惕之象正當終日乾乾之時乾道漸漸變革巽之一陰已來受符陽之終即陰之初此守城之時也

巽繼其統固濟操持九四或躍進退道危

此言一陰之退而爲巽也乾體既純陽火過盛當繼之以陰符全賴巽體一陰爲之固濟操持收歛陽炁此時乾四之或躍已變爲坤四之括囊蓋金丹火候只取乾中三陽三陽退處便是三陰進極而退當防其道途之危此慮險之時也

艮主進止不得踰時二十三日典守弦期九五飛龍天位加喜

此言二陰之退而爲艮也一陽在上碩果獨存陽之向進者到此截然而止此時水火均平鼎中陽炁漸漸凝

聚漸漸歸藏時不可踰恰當二十三日典守下弦之期乾五之飛龍在天變爲坤五之黃裳元吉刑中有德殺中帶生故有天位加喜之象此亦沐浴之時也

六五坤承結括終始韞養衆子世爲類母上九亢龍戰德于野

此言純陰返坤陰極而陽生也六五二字雖似專指坤卦第五爻實則一月弦望晦朔之統會也蓋八卦納甲乾坤括始終包羅六子在內六子皆賴乾父以資始賴坤母以代終一月之造化統體三陰三陽月爲太陰水

體純黑無光特感受太陽金精寄體生光一陽生于震自朔到望乃是乾之寄體一陰生于巽自望到晦方是坤之本體究竟徹始徹終一點陽光總屬太陽乾精特借坤中陰魄爲之承載攝受耳乾父之精全賴坤母之體包承而結括之自坤之初爻到五爻一月之候恰好完足故曰六五坤承結括終始六子總不出乾坤範圍但三男三女各從其類陽魂總是日光屬之乎乾陰魄總是月精屬之乎坤然三陰皆統體于乾者乾元統天之旨也父道也三陽皆寄體于坤者坤元承天之旨也

母道也所以乾之世在上九稱宗廟爻實爲六子之父
坤之世在上六稱宗廟爻實爲六子之母此以坤之承
順乎乾者言之故曰韞養衆子世爲類母金丹大藥其
初原從坤爐中產出方得上升乾鼎升而復降落在黃
庭養火之功仍在坤爐以靜待一陽之復徹始徹終俱
有母道然則乾之上九變盡則爲坤之上六矣不知陽
無剝盡之理碩果在上巍然不動此則京氏火珠林易
取上爻爲宗廟不變之義也所以坤上六爻辭曰龍戰
于野其血元黃戰野之龍卽乾上九之亢龍也陰極而

陽與之戰一戰後方得和合坤爲無極之鄉故稱于野
後天乾居西北至陰之地故又曰戰于乾元屬乾黃屬
坤得此一戰元黃始交中孕陽精便成震體所以震爲
元黃地中有雷一陽初動劈破鴻濛轉爲朔旦之復矣
用九翩翩爲道規矩陽數已訖訖則復起推情合性轉而
相與循環璇璣升降上下周流六爻難以察覩故無常位
爲易宗祖

此節言坎離二用循環不窮爲通章結尾乾三坤六合
而成九乾之用九得以兼坤坤之用六不得兼乾觀上

文三陽三陰皆統于乾而坤特包承其間可見舉乾九則坤六在其中矣況金丹大道本諸乾性乾乃純陽必鍊以九轉而始就故曰用九翩翩爲道規矩乾屬太陽陽窮于九化爲少陰先天之乾一轉作後天之離九一旣爲九九復爲一本來無首無尾故曰陽數已訖訖則復起卽後面所謂一九之數終而復始也坎中有金情情在于西離中有木性性在于東東西間隔相會無因全賴斗柄斡旋其間金情自來歸性故曰推情合性轉而相與古人設璇璣玉衡所以象周天之運旋只此性

情二物出日入月一上一下一升一降經之爲南北緯之爲東西南北以子午爲經東西以卯酉爲緯若璇璣之循環運旋莫測其端此卽卯酉周天之作用也故曰循環璇璣升降上下自震到乾自巽到坤三陽三陰自相消息中間不見坎離爻位然日往月來月往日來其間進退消息莫非坎離妙用實無可見者故曰周流六爻難以察覩一日一月把握乾坤周流六虛是謂無體之易卽此無體之易統乎天心爲六十四卦三百八十四爻之所從出豈非無常位而爲易之宗祖者乎乾元

統天。配成九轉。故用九爲道之規矩。日月爲易。本無方體。故金丹爲易之宗祖。互言之也。

此章專言金丹作用。其初晦朔交會。取坎塡離。情來歸性。乃產一陽。是爲金丹之基。旣而庚方藥生。從坤到乾。上升下降。配成三陽。是爲金丹之用。所謂小周天火候是也。此係參同契中要緊關鍵。然必合下章觀之。方盡其妙。

乾坤交媾章第十九

此章言乾坤交而結丹。應一歲之六陽。六陰乃大周天之火候也。

朔旦爲復。陽氣始通。出入無疾。立表微剛。黃鍾建子。兆乃滋彰。播施柔暖。黎蒸得常。

此節言一陽之動而爲復。乃還丹之初基也。前章言坎離會合。方產大藥。是活子時作用。所謂一日內十二時意所到皆可爲者也。大藥一產。即用先天納甲。陽升陰降火候。謂之小周天。直待一周既畢。正子時到。方用大周天火候。何謂正子時。自震到乾。動極而靜。自巽到坤。靜極復動。致虛而至于極。守靜而至于篤。一點眞陽深藏九地是爲亥子之交道時至機動無中生有忽然夜半雷聲震開地戸從混沌中剖出天地之心方應冬至朔旦故曰朔旦爲復陽炁始通所謂一陽初動處萬物未生時此吾身中正子時也一陽初復其氣尚微此時當溫養潛龍不可遽然進火先王以至日閉關內不放出外不放入皆所以鍊爲表衛護此微陽故曰出入無疾立表微剛陽炁雖微其機已不可遏于十二律正應黃鍾于十二辰正應斗柄建子皆萌動孳長從微至著之象故曰黃鍾建子兆乃滋彰陽火在下鉛鼎溫溫自

然冲融柔暖羣陰之中全賴此一點陽精爲之主宰故曰播施柔暖黎蒸得常黎蒸在卦爲五陰在人爲周身精炁得常者在卦爲一陽在人爲一點陽精主持萬化之象此言一陽來復立大丹之基也

臨爐施條開路生光光耀漸進日以益長丑之大呂結正低昂

此言二陽之進而爲臨也進到二陽爐中火炁漸漸條暢從此開通道路生發光明光耀漸漸向進而日晷益以長矣維時斗柄建丑律應大呂先低後昂亦進火之

象

仰以成泰剛柔並隆陰陽交接小往大來輻輳丁寅進而趨時

此言三陽之進而為泰也三陽仰而向上正當人生于寅開物之會木德方旺火生在寅陰陽均平故曰剛柔並隆此時天炁下降地炁上升小往大來陰陽交接亟當發火以應之且正月律應太簇故有輻輳趨時之象

漸歷大壯俠列卯門榆莢墮落還歸本根刑德相負晝夜始分

此言四陽之進而為大壯也日出東方卯位卯為太陽之門在一歲為春分二月建卯律應夾鍾故曰俠列卯門進火到四陽生炁方盛然木中胎金生中帶殺故榆莢墮而歸根有德返為刑之象春分晝夜始平水火各半是為上弦沐浴之時

夬陰以退陽升而前洗濯羽翮振索宿塵

此言五陽之進而為夬也五陽上升一陰將盡勢必決而去之三月建辰律應姑洗有洗濯羽翮振索宿塵之象如大鵬將徙南溟則振翮激水扶搖而上河車到此

不敢停畱過此則運入崑崙峯頂矣

乾健盛明廣被四鄰陽終于巳中而相干

此言六陽之純而爲乾也四月建巳律應仲吕此時陽升到頂九天之上火光徧徹金液滂流故有乾健盛明廣被四鄰之象然陽極于巳一陰旋生陰來干陽故曰中而相干就六陽而論則以巳爲終局就終坤始復而論則又以乾爲中天各取其義也

姤始紀序履霜最先井底寒泉午爲蕤賓賓伏丁陰陰爲主人

此言一陰之退而爲姤也六陽到乾陽極陰生便當退
火進水巽之一陰卻入而爲主陽火極盛之時鼎中已
伏陰水正猶盛夏建午之月井底反生寒泉履霜之戒
所以係坤初爻也陰入爲主陽返爲賓姤之月窟正與
復之天根相對午月律應蕤賓亦主賓互換之象

遯世去位收斂其精懷德俟時棲遲昧冥

此言二陰之退而爲遯也六月建未律應林鍾二陰浸
長陽氣漸漸收斂入鼎如賢者之遯世潛處山林故曰
懷德俟時棲遲昧冥

否塞不通萌者不生陰伸陽屈毀傷姓名

此言三陰之退而爲否也此時陽歸于天陰歸于地二氣不交萬物不生七月建申律中夷則夷者傷也水生在申能侵滅陽火故有陰伸陽屈毀傷姓名之象

觀其權量察仲秋情任畜微稚老枯復榮薺麥萌蘖因冒以生

此言四陰之退而爲觀也月出西方酉位在一歲爲秋分律應南呂金氣肅殺草木盡凋然金中胎木殺中帶生所以物之老者轉稚枯者復榮薺麥之萌蘖遂因之

以生有刑返爲德之象秋分晝夜始平水火各平是爲下弦沐浴之時月令仲秋同度量平權衡故開首曰觀其權量

剝爛肢體消滅其形化炁既竭亡失至神

此言五陰之退而爲剝也九月建戌律應無射陰來剝陽陽炁消滅無餘如草木之肢體剝爛無餘惟有頂上碩果巍然獨存故曰剝爛肢體消滅其形戌爲閉物之會由變而化神炁內守若存若亡故曰化炁既竭亡失至神要知形非眞滅也以剝落之極而若消滅耳神非

眞亡也以歸藏之極而若亡失耳即是六陰返坤之象
道窮則返歸乎坤元恒順地理承天布宣元幽遠渺隔閡
相連應度育種陰陽之元寥廓恍惚莫知其端先迷失軌
後爲主君
此言六陰之返而爲坤終則復始也十月純陰建亥律
應應鍾乃造化閉塞之候吾身歸根復命之時也蓋人
以乾元爲性坤元爲命有生以後一身內外皆陰故以
坤元爲立命之基起初一陽之復原從純坤中透出乾
元積至六陽之乾命乃全歸乎性矣旣而一陰之姤又

從純乾中返到坤元積至六陰之坤性又全歸乎命矣
故曰道窮則返歸乎坤元性旣歸命元神潛歸炁中寂
然不動內孕大藥正猶時至窮冬萬物無不蟄藏天炁
降入地中地炁從而順承之藏之用終卽是顯仁之始
一點天機生生不窮故曰恒順地理承天布宣天之極
上處距地之極下處八萬四千里上極元穹下極幽冥
似乎遠眇而不相接然日光月精同類相親如磁石吸
鐵一毫不相隔閡故曰元幽遠眇隔閡相連天中日光
與地中月精一陰一陽及時交會呼吸含育滋生真種

便是先天乾元祖炁故曰應度育種陰陽之元元牝初交大藥將産正當亥子中間一動一靜之間為天地人至妙之機關雖有聖哲莫能窺測所謂恍惚陰陽生變化絪緼天地乍回旋中間些子好光景安得工夫着語言是也故曰廖廓恍惚莫知其端其初混沌未分天心在中元黃莫辨故曰先迷失軌既而鴻濛初剖天根一動萬化自歸故曰後為主君即坤彖辭先迷後得主之義也此時一陽復生又轉為初九之震矣

無平不陂道之自然變易更盛消息相因終坤始復如循

連環帝王乘御千載長存

此節言動靜相生循環無端爲通章結尾六陽升而進火六陰降而退符動極生靜靜極生動皆天道自然之運故曰無平不陂道之自然陰陽反復見交易變易之理陽盛則陰必衰陰消則陽必息故曰變易更盛消息相因動靜無端終始無極晦之終卽朔之始亥之終卽子之始坤之終卽復之始迎之不見其首隨之不見其尾故曰終坤始復如循連環火候之妙上準造化下準人身內可治心外可治世帝王乘此道以御世則歷數

千年可永丹士得此道以鍊心則法身千刼長存故曰帝王乘御千載長存此係中篇御政末章故結到帝王御世正與上篇末章明堂布政相應

此章詳言大周天火候與上章首尾相足葢坎離一交方產大藥大藥既產方可採取採取入爐方可煆煉上章說採取之候此章纔說煆煉之候其採取也須識活子時作用直待晦朔之交兩弦合精庚方月現水中生金恍惚杳冥然後覓元珠于罔象之中運真火于無爲之內至於月圓丹結是謂金丹其煆煉也須識正子時

作用直待亥子中間一陽初動水中起火方用閉任開督之法吹之以巽風鼓之以橐籥趂此火力壯盛驚動河車滿載金液自太元關逆流上天谷穴交會之際百脉歸元九關徹底金精貫頂銀浪滔天景象不可殫述交會既畢陽極陰生即忙開關退火徐徐降下重樓此時正要防危慮險滌慮洗心直到送歸土釜而止謂之乾坤交姤罷一點落黃庭丹既入鼎須用卯酉周天火候纔得凝聚聖胎已結更須溫養再加乳哺之功及乎胎完炁足嬰兒移居上田先天元神變化而出自然形

神俱妙與道合真是謂九轉金液還丹然此兩般作用一內一外有天淵之別從上聖師口口相傳不著于文魏公亦不敢盡泄天機姑以一月之弦望晦朔喻金丹一刻之用以一歲之六陰六陽喻還丹九轉之功自有真正火候秘在其中學道遇師之士自當得意而忘象矣

闡幽

中篇。中卷養性共計四章此乃中之中也。

此卷專言養性而御政伏食已寓其中義同上篇。

性命歸元章第二十

此章言性命同出一源立命正所以養性也。

將欲養性延命却期審思後末當慮其先人所稟軀體本一無元精雲布因炁託初陰陽爲度魂魄所居

此節言養性之功當徹究性命根源也何謂性一靈廓徹圓同太虛卽資始之乾元也何謂命一炁絪緼主持萬化卽資生之坤元也此是先天性命在父母未生以

前原是渾成一物本無汚染不假修證一落有生以後太極中分性成命立兩者便當兼修然性本無去無來命却有修有短若接命不住則一靈倏然長往矣修道之士要做養性工夫必須從命宗下手故曰將欲養性延命却期何謂却期凡人之命各有定期其來不能却其去亦不能却惟大修行人主張由我不受造化陶冶命既立住真性在其中矣人若不知本來真性未後何歸了性是未後大事不知欲要反終先當原始必須反覆窮究思我這點真性未生以前從何而來既生以後

憑何而立便知了命之不可緩矣故曰審思後未嘗慮其先最後受胎之時不過秉父精母血包羅凝聚結成幻軀此乃有形之體非真體也我之真體本同太虛光光淨淨本來原無一物故曰人所稟軀體本一無及至十月胎圓太虛中一點元精如雲行雨施倏然依附直入中宮神室作我主人于是劈開祖竅囫地一聲天命之性遂分爲一陰一陽矣蓋後天造化之氣若非先天元精則無主而不能靈先天元精若非後天造化之氣則無所依而不能立可見性命兩者本不相離故曰元

精雲布因氣託初後天之造化既分一陰一陽陽之神爲魂魂主輕清屬東方木液陰之神爲魄魄主重滯屬西方金精兩者分居坎離匡廓之內故曰陰陽爲度魂魄所居蓋命之在人既屬後天造化便夾帶情識在內只因本來眞性攙入無始以來業根生滅與不生滅和合而成八識識之幽微者爲想想之流浪者爲情情生智隔想變體殊顛倒眞性枉入輪迴矣所以學人欲了性者當先了命

陽神曰魂陰神月魄魂之與魄互爲室宅性主處內立置

鄞鄂情主處外築爲城郭城郭完全人民乃安

此節正言後天立命之功後天一魂一魄分屬坎離蓋以太陽在卯故離中日魂爲陽之神太陰在酉故坎中月魄爲陰之神兩者體雖各居然離己日光正是月中玉兎日魂返作陽神矣坎戊月精正是日中金烏月魄返爲陰神矣故曰魂之與魄互爲室宅後天兩物雖分性命其實祖性全寄于命蓋一落陰陽莫非命也且命元更轉爲情蓋陰陽之變合莫非情也惟其性寄于命故離中元精坎中元炁總謂之命惟其命轉爲情故曰

中木魂月中金魄總謂之情只有祖竅中一點元神方是本來真性元神爲君安一點于竅內來去總不出門豈非性主處內立置鄞鄂乎精氣爲臣嚴立隄防前後左右遏絕奸邪豈非情主處外築爲城郭乎隄防既固主人優游于密室之中不動不搖不驚不怖故曰城郭完全人民乃安始而處內之性已足制情既而營外之情自來歸性賓主互參君臣道合此爲坎離交會金丹初基立命正所以養性也

爰斯之時情合乾坤乾動而直炁布精流坤靜而翕爲道

金爐剛施而退柔化以滋

此節言後天返爲先天也後天坎離卽是先天乾坤只因乾坤一破性轉爲情從此情上用事隨聲逐色不能還元至于兩物會合城郭完而鄞鄂立則情來歸性離中之陰復還于坤坎中之陽復還于乾矣故曰爰斯之時情合乾坤乾性至健靜則專而動則直一點元神爲精氣之主宰至剛至直而不可禦故曰乾動而直炁布精流此言元神之立爲鄞鄂卽所謂乾元資始者也坤性至順動則闢而靜則翕乾中眞炁流布坤乃順而承

之一點元神絪緼化醕醞養在中黃土釜故曰坤靜而
翕爲道舍爐此言元神之本來胞胎卽所謂坤元資生
者也乾父剛而主施不過施得一點眞氣坤母柔而主
化須在中宮時時滋育乃得成胎故曰剛施而退柔化
以滋此言坎離會合產出先天元神卽金丹妙用也
九還七返八歸六居男白女赤金火相拘則水定火五行
之初
此節言四象五行混而爲一系也坎離既復爲乾坤則
後天之四象五行無不返本還原矣何以言之天一生

水地六成之北方之精也地二生火天七成之南方之神也天三生木地八成之東方之魂也地四生金天九成之西方之魄也水火木金爲四象並中央戊己土爲五行究竟所謂四象五行只是坎離兩物坎卦從坤而出北方之水屬陰本數得六加以天一之陽便合成七數離卦從乾而出南方之火屬陽本數得七加以地二之陰便合成九數今者北方之坎返而歸乾南方之離還而歸坤豈非九還七返之象乎北方之一歸於南方之七共得八數南方之二歸于北方之六亦得八數而

獨云居者蓋北方之一既歸于南止存水之成數居其所而不遷恰好六數矣豈非八歸六居之象乎又須知四象原是兩物既然九還七返自然八歸六居矣故悟眞篇單言還返益見造化之妙二與七併配成西方之金色轉為白一與六併配成南方之火色轉為赤白屬金赤屬火取西方之金煉以南方之火故曰男白女赤金火相拘天一之水從乾宮而出原是太陽眞火地二之火從坤宮而出原是太陰眞水直到一返一還方得以水歸水以火歸火復其原初本體故曰則水定火五

行之初前云金火此又何以云水火蓋後天造化之妙只是一坎一離而千變萬化各異其名以言乎坎離本位則曰水火以言乎兩弦之炁則曰金水以言乎甲庚之用則曰金木以言乎伏煉之功則曰金火顛倒取用不可窮詰究只是水火二物後天水火雖分二物究只是先天一炁坎離既已復爲乾坤即此便是九還七返八歸六居而化作先天一炁矣

上善若水清而無瑕道之形象真一難圖變而分布各自獨居

此節言先天一炁爲大丹之基也蓋道本虛無始生一炁只此一炁鴻濛未分便是先天眞一之水非後天有形之水也學道之士若能攝情歸性併兩歸一纔復得先天眞水水源至清至潔此時身心打成一片不染不雜自然表裏洞澈有如萬頃氷壺故曰上善若水清而無瑕大道離相離名本無形象及其生出一炁似乎可得而形容矣然此眞一之炁杳冥恍惚形于無形象于無象非一切意識可以卜度揣摩而得故曰道之形象眞一難圖眞一之水便是中宮一點鄞鄂所謂太乙含

眞炁也合之爲一炁分之則爲兩物又分之則爲四象五行交會之時五行變化全在中央旣而木仍在東金仍在西火仍在南水仍在北各居其所矣故曰變而分布各自獨居此段言眞一之水實爲丹基入藥鏡所云水鄕鉛只一味是也學者若知攢五合四會兩歸一之旨鄞鄂成而聖胎結矣

類如雞子白黑相符縱橫一寸以爲始初四肢五臟筋骨乃俱彌歷十月脫出其胞骨弱可卷肉滑若飴

此節特顯法身之形象也聖胎初凝一點元神潛藏神

室混混沌沌元黄未剖黑白未分有如雞子之狀故曰類如雞子白黑相符神室中間方圓恰好徑寸法身隱于其中優游充長與赤子原初在母腹中一點造化故曰縱橫一寸以為始初温養真胎必須從微至著始而成象繼而成形四肢五臟併筋絡骨節之類件件完備具體而行故曰四肢五臟筋骨乃俱須知四象五行包絡法身便如四肢五臟法身漸漸堅凝便如筋骨非真有形象也温養既足至于十月胎完赤子從坤爐中躍然而出上升乾鼎從此重安爐鼎再造乾坤別有一番

造化我之法身纔得通天徹地混合太虛故曰彌歷十月脫出其胞而有骨弱可卷肉滑如飴之象矣此段言法身形象與母胎中生身受炁之初同一造化但順則生人逆則成丹有聖與凡之别耳

此章是養性第一關鍵與上篇兩竅互用章相應

二炁感化章第二十一

陽燧以取火非日不生光方諸非星月安能得水漿二炁玄且遠感化尚相通何況近存身切在于心胸陰陽配日月水火爲效徵

此章言水火兩弦之炁以同類相感也上章言魂之與魄互爲室宅卽水火兩物也金丹之道以日月爲體以水火爲用體則互藏用則交入日月非水火體無所施水火非日月用無所出近取諸身遠取諸物莫不皆然陽燧是火珠形如銅鏡其體中實象坎中一陽此物秉太陽火精故世人用以取火然必向日中取之纔能得火只因這點眞陽原是日魂之光日爲光之所聚陽燧爲光之所招以火取火安得不靈故曰陽燧以取火非日不生光方諸是蚌珠其體中虛象離中一陰此物秉

太陰水精故世人用以取水然必向月下取之纔能得水只因這點真陰原是月魄之精月為精之所藏方諸為精之所攝以水取水安得不應故曰方諸非星月安能得水漿此即坎離互用之旨也天上之日月與世間之水火相去不知幾萬里可謂元且遠矣然而隔閡潛通如磁吸鐵正以同類易親故二炁自為感化而相通也遠取諸物無情者尚且相感如此矧近取諸身有情之真水真火切在方寸之間至虛至靈一呼即應兩茲真炁有不相感化者乎所以離中真水往而流戊坎中

真火來而就已假法象而採太陰之精立鼎器以聚太陽之炁自然同類相從結成鄞鄂蓋真陰真陽互藏其宅便是吾身之日月日光月精相胥為用便是吾身之水火其間採取感召全仗中黃真意卽吾身陽燧方諸之妙用也故曰陰陽配日月水火為效徵

此章專言二物相感同氣相求發明大易性情宗旨蓋寂然不動性之體也感而遂通情之用也離之情常在于北坎之情常在于南此日月之所以合璧而水火之所以交也離中真水復歸于北坎中真火復歸于南此

乾坤之所以還元而鄞鄂之所以立也周易上經首乾坤取其定位以立體也下經首咸恆取其交感以致用也澤上山下其卦爲咸孔子翼之曰二氣感應以相與又曰天地感而萬物化生可見天地間只此二氣順而相感則生物逆而相感則成丹況兌艮二體正應上下兩弦即兌艮交感之用以還乾坤不易之體豈不猶陽燧方諸之根取者乎噫此人人具足之真易也

關鍵三寶章第二十二 章名從舊

此章言關鍵三寶內真外應乃養性之要功也

耳目口三寶。閉塞勿發通。真人潛深淵。浮游守規中。

此節統言關鍵三寶之要道也。修道之士。有內三寶。有外三寶。元精元氣元神。內三寶也。耳目口。外三寶也。欲得內三寶還真。全在外三寶不漏。陰符經所謂九竅之邪。在乎三要是也。下手之初。必須屏聰黜明。謹閉兌口。真元方不外漏。故曰耳目口三寶。閉塞勿發通。外竅不漏。元神內存。前後會合。中間有一無位真人。潛藏深淵之中。深淵乃北極太淵。天心之所居。即元關一竅也。元關在天地之間。上下四方之正中。虛懸一穴。其大無外。

其小無內謂之規中中有主宰謂之眞人守而勿失謂之抱一然其妙訣全在不勤不怠勿助勿忘有浮游之象故曰眞人潛深淵浮游守規中此四句乃養性之要功一章之綱領也

旋曲以視聽開闔皆合同爲已之樞轄動靜不竭窮離炁納榮衛坎乃不用聰兑合不以談希言順鴻濛

此節詳言三寶關鍵工夫坎屬水是爲元門離屬火是爲牝戶兑爲口內應方寸學人入室之時當收視返聽轉順爲逆其門戶之一開一闔皆與元牝內竅相應故

曰旋曲以視聽開闔皆合同坎中納戊離中納己戊土屬陽主動己土屬陰主靜然離中一陰體雖靜而實則易動憧憧往來不可禁止惟賴坎中真陽出而鈐制之若門之有樞車之有轄庶乎一開一闔動靜各有其時而元炁不致耗竭矣故曰爲己之樞轄動靜不竭窮元竅中先天祖炁本來鴻濛未剖惜乎前發乎離以泄其明後發乎坎以泄其聰中發乎兌以開其門三者俱散而不收先天之炁所存者幾何哉必也默默垂簾頻頻逆聽則坎離之炁不泄矣故曰離炁納榮衛坎乃不用

聰括囊內守混沌忘言則兌口之炁不泄矣故曰兌合
不以談希言順鴻濛即所謂耳目口三寶閉塞勿發通
者也此中秘竅全在口字此口是元關一竅吞吐乾坤
因天機不可盡泄姑取兌象非世人飲食之口也必須
真師指示方知其妙

三者旣關鍵緩體處空房委志歸虛無無念以爲常證難
以推移心專不縱橫寢寐神相抱覺悟候存亡

此節詳言潛淵守中工夫耳目口三者旣已關鍵嚴密
一毫不泄則我之真人自然不擾不雜優游于深淵之

中此中空空洞洞別無一物有若空房然故曰三者既關鍵緩體處空房先天一炁原從虛無中來必委致其志虛以待之至于六根大定一念不生方得相應然所謂無念只是常應常靜不出規中非同木石之蠢然也無念之念是為正念正念時時現前方可致先天一炁而有得藥之時故曰委志歸虛無無念以為常此事人人具足本不難取證有如立竿見影世人取證之難正以心志不專時刻推移縱橫百出遂望洋而返耳倘入室之時心志專一推移不動絕無縱橫之病則可以得

之于一息矣有何難證之道乎故曰證難以推移心專不縱橫此心旣不動移十二時中行住坐臥不離規中卽到寢寐之時向晦晏息一點元神自然與元炁相抱如爐中種火相似猶恐或致昏沉必須常覺常悟冥心內烙察規中之消息候眞種之存亡故曰寢寐神相抱覺悟候存亡如此用心何慮金丹不結眞人不現此卽眞人潛深淵浮游守規中之節度也

顏色浸以潤骨節益堅强辟却衆陰邪然後立正陽修之不輟休庶炁雲雨行淫淫若春澤液液象解冰從頭流達

足究竟復上升往來洞無極怫怫被谷中此節言結丹之證驗也凡人之形神本不相離真種一得表裏俱應自然顏色潤澤骨節堅強辟除後天陰邪之物建立先天正陽之炁益一身內外莫非陰邪先天陽炁一到陰邪自然存留不住更能行之不輟其效如神周身九竅八脉三百六十骨節八萬四千毛孔總是太和元炁流轉但見如雲之行如雨之施如澤之潤如氷之解從崑崙頂上降而到足復從湧泉穴底升而到頭徹頭徹底往來於空洞無涯之中不相隔礙蓋天地

問山川土石俱窒塞而不通惟有洞天虛谷竅竅相通人身亦然肌肉骨節俱窒礙而不通惟有元竅虛谷脉脉相通與造化之洞天相似元炁往來洞然無極正往來於虛谷之中也故曰往來洞無極怫怫被谷中此與上篇黃中漸通理潤澤達肌膚相似俱金丹自然之驗

反者道之驗弱者德之柄耘鋤宿汚穢細微得調暢濁者清之路昏久則昭明

此結言金丹之超出常情也何謂反常道用順丹道用逆顛倒元牝抱一無離方得歸根復命豈非反者道之

驗乎何謂弱堅强者死之徒柔弱者生之徒專炁致柔能如嬰兒自然把柄在手豈非弱者德之柄乎且辟却陰邪則身中一切宿穢悉耘鋤而去盡矣正陽既立則元炁透入細微悉調暢而無間矣至於金丹始結脉住炁停復返混沌重入胞胎似乎昏而且濁此吾身大死之時也久之絕後再甦親證本來面目自然純清絕點慧性圓通大地乾坤俱作水晶宮闕矣故曰濁者清之路昏久則昭明前段言形之妙此段言神之妙形神俱妙方能與道合真

此章專言關鍵三寶乃是守中抱一養性第一步工夫與上篇錄已立基章相應

附錄

抱一子曰耳不聽則坎水內澄目不覩則離火內營口不言則兌金不鳴三者既閉則真人優游于其中

又曰七門既返殆若忘生百脉俱沉形氣消盡力弱不支昏濁如醉此乃道之驗德之柄也昏者明之基濁者清之源自茲以往圓明洞照虛徹靈通莫不自昏濁始矣

俞玉吾曰反者反復也修丹效驗在乎虛極靜篤與天地冥合然後復元炁從一陽而來復弱者柔弱也修丹把柄在乎持其志無暴其氣如嬰兒之柔弱庶幾可以返本還原

旁門無功章第二十三 章名從舊

世人好小術不審道淺深棄正從邪徑欲速閼不通猶盲不任杖聾者聽宮商沒水捕雉兎登山索魚龍植麥欲獲黍運規以求方竭力勞精神終年不見功欲知伏食法至約而不繁

此章決言旁門之無功也學道者先要知道之與術天淵迥別性命全修復歸無極謂之大道一機一訣自救不了謂之小術金丹大道難遇易成一切旁門小術易遇難成奈何世間愚民胸中茅塞既不辨淺深眼孔糢糊又不識邪正往往背明投暗棄正從邪本求欲速見功反致閼絕不通承斷人道之路豈不哀哉不知先天性命超出形器之表却妄認後天精炁身中摸索茫無影響隨人顛倒毫無決擇此猶盲者之無拄杖聾者之聽宮商也不悟先天陰陽自家同類之物却猜做世間

男女向外採取流於淫邪傷生敗德莫此為甚此猶入水而捕雉兎登山而索魚龍也不思先天鉛汞本來無質無形却去燒茅弄火乾汞點銅誑惑凡愚敗身亡家此猶種麥而轉思獲稻運規而妄意求方也此等旁門費盡一生精力窮年卒歲到老無成却謗祖師妄語不知金丹伏食之法至簡至要有作以原其始無為以要其終與天地造化同一功用雖愚昧小人得之立躋聖位豈可與旁門小術同日而論哉以上舉旁門之非特識其大略耳究而論之禪家有九十六種外道元教有

三千六百旁門。千差萬别。不可殫述。所以正陽祖師有正道歌。翠虛真人有羅浮吟。以至李清菴之九品說。陳觀吾之判惑歌。皆歷數旁門外道之差。以覺悟世人聾聵。惜乎世人不悟。仍舊謬種傳流。有增無減。良可悲也。以上僅標大畧。要當摘取諸真言句。另爲指迷一書。與同志共參之。

中篇。下卷伏食共計八章此乃中之下也。

此卷。專言伏食。而御政養性。已寓其中。義同上篇。

性情交會章第二十四

此章。言木性金情。自相交會。以成伏食之功也。

太陽流珠。常欲去人。卒得金華。轉而相因。化爲白液。凝而至堅。

此節。言兩物之性情。合而成金丹也。先天之體。爲性命。乾坤是也。後天之用。爲性情。坎離是也。自乾坤破。爲坎離。性情之用著。而性命之體隱。順之則爲凡矣。惟坎離復交爲乾坤因性情之用以還性命之體逆之則成聖矣至于後天坎離中又分體用以真陰真陽爲體體屬水火以兩弦之氣爲用用屬金木不可不辨乾屬太陽真性本來寂然不動只因交入坤中一陰性轉爲情遂成離中木汞自此陰精用事離光順流向外恍惚不定有流珠之象乾既成離其中一陽走入坤宮坤屬太陰元命既得乾中一陽命轉作性遂成坎中金鉛此點金炁精華只在坎水中潛藏杳冥不測有金華之象離中靈物刻刻流轉本易走而難捉捉之愈急去之愈速賴

得坎中一點眞鉛逆轉以制之眞汞一見眞鉛纔不飛走故曰太陽流珠常欲去人卒得金華轉而相因鉛入汞中汞賴鉛之拘鈐鉛亦得汞之變化兩物會入黃房合成一器其器先液而後凝故曰化爲白液凝而至堅白者金色至堅者金性也蓋金來歸性已結而成丹矣此通章之綱領也

金華先倡有頃之間解化爲水馬齒瓓玕陽乃往和情性自然

此節言兩物交併自相倡和也坎男主倡離女主和坎

中一陽本自難于出爐及其時至而出也只在一彈指間故曰金華先倡有頃之間水中生金金中復能化水蓋金華之液即真一之水也絪緼活動無質生質漸漸堅凝有若馬齒瓓玕之狀故曰解化為水馬齒瓓玕坎中之金液既升離中之木液乃從而和之一東一西間隔已久幸得真意勾引相會黃房木性愛金金情戀木一倡一和出于性情之自然非人力可強而致故曰陽乃往和情性自然陽即上文太陽流珠以其外陽內陰易于逐物流走至和而不至倡惟與金華之真陽相匹

爲夫婦方不流走此時已轉爲真陰故有婦道顛倒之妙不可不知

迫促時陰拘畜禁門慈母養育孝子報恩嚴父施令教勑子孫

此節言拘歷兩物會中宮而產真種也坎中之金華旣升離中之流珠卽降兩弦之氣相交只在一時時不可失當以真意迫促之兩物相交正當虛危中間此時宜禁閉地戶翕聚真炁不可一毫泄漏故曰迫促時陰拘畜禁門真種旣歸土釜全賴中宮坤母爲之溫養哺育

始而母去顧子如雌雞之伏卵時時相抱既而子來戀母若慈烏之反哺刻刻不離故曰慈母養育孝子報恩真種既存中宮外面最要嚴謹隄防牢鎮八門環匝關閉不可一毫放鬆譬如子當幼小之時養育固願慈母教勑全仗嚴父故曰嚴父施令教勑子孫慈母喻文火在神室中溫養嚴父喻武火在門戶間隄防孝子喻真種即金華流珠兩物所結成者自追促時陰至此俱屬金丹作用只在一刻中

五行錯王相據以生火性銷金金伐木榮三五為一天地

至精可以口訣難以書傳

此節言作丹之時五行顛倒之妙也常道之五行俱從順生如金生水木生火之類順流無制必至精蒸耗散去死不遠生機轉作殺機所謂生者死之根也丹道之五行全用逆轉如流珠本是木龍卻從離火中取出金華本是金虎卻從坎水中取出水火互藏金木顛倒方得歸根復命超外長存殺機轉作生機所謂死者生之根也故曰五行錯王相據以生錯王者卽子南午北互爲綱紀之意相據者卽龍西虎東建緯卯酉之意以常

道言之金在鑛中無由自出木帶陰氣豈能滋生必先用南方木中之火去煆北方水中之金銷鑛存金金華始得發露旋用西方水中之金來制東方火中之木伐去陰氣木液方得滋榮故曰火性銷金金伐木榮此卽五行錯王相據以生之旨也東三南二合成一五北一西四合成一五中央戊己眞土自成一五是謂三五混南北併東西攢簇于中土之內是之謂一三五合而爲一乃造化至精至妙之理把握乾坤包括河洛其間作用必須眞師口口相授豈能筆之于書哉故曰三五爲

一天地至精可以口訣難以書傳此段言顛倒二物則
五行復歸於一末篇法象章云本之但二物兮末乃爲
三五三五五併爲一兮都集歸一所印證甚明

子當右轉午乃東旋卯酉界隔主客二名

此節言金木間隔當加沐浴之功也以常道五行言之
木生在亥震木生於坎水是謂龍從水裏出金生在巳
兌金產自離火是爲虎向火中生丹道逆用則不然從
子右轉到未自北而西以訖于南中藏酉金則金華產
于坎中而爲上弦之氣所謂虎向水中生也從午逆旋

到丑自南而東以至于北中藏卯木則流珠取之離內而爲下弦之氣所謂龍從火裏出也但當子南午北水火交入之時一金一木界限其中木性在東爲主金情在西爲客未免性情間隔賓主乖違此時須用沐浴之法萬緣盡空一絲不挂存真意于規中和合金情木性至于金返在東轉而爲主木返在西轉而爲客主客互易其名兩弦之氣始合而爲一矣只此性情二物自其相倡和而言則爲夫婦自其相生而言則爲母子自其相制而言則爲父子自其互換而言則又爲主客顛倒

莫測正見天地至精之理

龍呼于虎虎吸龍精兩相飲食俱使合併遂相啣嚥咀嚼相吞

此節言兩物之相併也五行相據主客既已互換則木龍反據酉位而呼黑虎之氣金虎反據卯位而吸赤龍之精故曰龍呼于虎虎吸龍精于是兩者性情係戀恣意交歡相與飲食合併爲一且其合併之時遂相啣相嚥吞入口中而結一黍之丹矣此段説兩物之相交併從上文相據以生透出專發食字之義

熒惑守西太白經天殺炁所臨何有不傾狸犬守鼠鳥雀畏鶻各得其性何敢有聲

此節言兩物之相制也五行錯王火性既能銷金則火入西方金鄉而爲熒惑守西之象金性既能伐木則金乘東方木位而爲太白經天之象火尅金金轉尅木右旋一周無所不尅但取逆制全用殺機故曰殺氣所臨何有不傾木見金金見火其情性自然降伏譬若狸犬之捕鼠鳥雀之畏鶻一見即便擒住兩下寂然無聲非强之使無聲也其性然也業已各得其相制之性而何

敢有聲哉此段言兩物之相鈐制從上文五行錯王透出專發伏字之義蓋惟相併而不礙其相制此生機之卽寓于殺機也惟相制而始得以相併此殺機之逆轉爲生機也一伏一食方成還丹篇中伏食大義昭昭如是適非旁門所謂服食之術也

附錄

抱一子曰人命在卯日出于卯而萬物仰之以生是則萬物皆借太陽之精以立命矣太陽流珠者命寶也奈此命寶寓神則營營而亂思寓精則持盈而難保故曰

常欲去人須得金華而制伏之

審察真偽章第二十五

此章言道有真偽當辨偽而存真也

不得其理難以妄言竭殫家財妻子饑貧自古及今好者億人訖不諧遇希有能成廣求名藥與道乖殊如審遭逢覩其端緒以類相況揆物終始

此節言伏食有真偽學道者所當早辨也金丹大道範圍天地包括易象其理最為廣大精微必須洞曉陰陽深達造化方知其奧豈不得其理者可率意而妄談哉

不得其理。而妄談妄作。往往流於爐火之術。至於家財竭殫。妻子饑貧。尚不覺悟。良可憫也。自古到今。好道者不啻千億。但好者未必遇。遇者未必成。學道者如牛毛。成道者如兔角。良以拋却自家性命。却去入山覓汞。掘地尋鉛。廣求五金八石。認作不死之藥。所以與大道一切乖殊耳。學人參師訪道。當先具一隻眼。倘有所遇。必察其端緒之所在。是真是僞。若是真師。决定洞曉陰陽。深達造化。只消叩以性命根源。併同類相親。五行逆用之旨。徹始徹終。不得一毫模糊。則藥物之眞僞可得而

揆師承之真僞亦可得而決矣故曰以類相況揆物終始

五行相尅更爲父母母含滋液父主秉與凝精流形金石不朽審專不泄得成正道立竿見影呼谷傳響豈不靈哉天地至象

此節言五行逆尅以結大丹正端緒之可覩者也常道之五行以相生爲父母丹道之五行轉以相尅爲父母蓋不尅則不能生殺機正生機之所在也如金尅木者也然金纔一動便生出水來木烝貪水之生忘金之尅

尅者為父尅而能生者即為母矣推之五行莫不皆然故曰五行相尅更為父母母道屬坤主於資生以靜翕為德交媾之時既受真種于乾父只在中宮滋育漸成嬰兒故曰母含滋液蓋母取貪生忘尅之義即上章所云慈母養育也父道屬乾主于資始以動直為德交姤之初業已氣布精流生炁施之于坤母即是真種故曰父主秉與蓋父取以尅為生之義即上章所云嚴父施令也一生一尅秉與者凝聚資始之精滋液者流布資生之形兩者妙合結成真胎即上章所云五行錯王相

據以生也工夫到此進進不已法身便得長存同金石之不朽惟賴審固專一而無一毫泄漏方得成其至道耳徹始徹終只是以剋爲生方見五行顛倒之妙若知其妙大丹立就譬之立竿而影卽見呼谷而響卽傳造化自然之法象豈不至靈且驗哉此皆眞道之驗其端緒可得而觀者豈旁門僞術所得而混人也

若以野葛一寸巴豆一兩入喉輒僵不得俛仰當此之時周文揲蓍孔子占象扁鵲操鍼巫咸叩鼓安能令甦復起馳走

此節更端設喻以見伏食之靈驗也世人但知毒藥入口死者不可復生豈知金丹入口生者不可復死毒藥入口雖神聖不能令其復甦金丹入口雖造物能令其復死乎惜乎世人明于彼而獨暗於此也且金丹既已入口縱使啖以野葛投以巴豆亦不得而殺之矣可見五行相尅凝精流形金丹伏食之妙洵若立竿而影即見呼谷而響即傳詎可與非種之僞道同日而論哉

此章專辨伏食之真僞爲萬世學道人開一隻眼庶不被盲師瞞過耳

鉛汞相投章第二十六

此章言真鉛真汞兩物相制而爲用也

河上姹女靈而最神得火則飛不見埃塵鬼隱龍匿莫知所存將欲制之黃芽爲根

此節言以鉛制汞乃金丹之作用也離本太陽乾體性之元也中藏一陰係坤中真水卽是真汞以其雄裏包雌又名姹女坎本太陰坤體命之元也中藏一陽係乾中真金卽是真鉛以其水中生金又名黃芽姹女喻後天之心先天之性本來寂然不動轉作後天之心有感

即通潛天潛地至靈至神一剎那間上下四方往古來今無所不倫故曰河上姹女靈而最神以分野而言午屬三河之分離火所居兼取情慾順流之義人心本來至靈只因夾雜後天情識未免易于逐物所以觸境便動遇緣即生刻刻流轉一息不停正類世間凡火見火即便飛走無影無踪不可捉摸故曰得火則飛不見埃塵當其飛走之時若鬼之隱藏龍之伏匿雖有聖者莫測其去來所在即孔子所謂出入無時莫知其鄉也故曰鬼隱龍匿莫知所存姹女本離中之陰故取鬼象離

中之陰本屬木汞又取龍象靈汞之易失而難持若此要覓制伏之法須得坎中真鉛蓋坎中一陽本出乾金原是我家同類之物順之則流而爲情逆之則轉而爲性金來歸性返本還原黃芽得與姹女配合若君之制臣夫之制婦自然不動張平叔所謂要須制伏覓金公是也故曰將欲制之黃芽爲根此專言兩物相制與前流珠金華同旨

物無陰陽違天背元牝雞自卵其雛不全夫何故乎配合未連三五不交剛柔離分施化之道天地自然

此節言獨修一物之非道也一陰一陽之謂道凡物偏陰無陽偏陽無陰俱非乾元資始坤元資生之理故曰物無陰陽違天背元雞之伏卵先入一點真陽在內漸漸伏之方得成雛但有雌而無雄其雛必不成矣此何以故以其孤陰乏陽配合未連也丹道亦然必須東三南二北一西四四四象併爲兩物會到中央真土同類相求合成三五方結聖胎若三五之炁不交總是孤陰寡陽一剛一柔各自離羣分散真胎何由結乎蓋陽主施精陰主受化乃一陰一陽天地自然之道無論凡胎聖

胎同一造化不得獨修一物明矣然此一陰一陽便是乾元坤元本來真性真命兼修並證方稱金丹大道修命不修性修性不修命總謂之違天背元旁門不悟徃徃流入於採補何異避溺而投火哀哉

火動炎上水流潤下非有師導使之然也資始統正不可復改

此節言兩物相交各返其元性也真陰真陽之用莫若水火火性陽而主動動必炎上水性陰而主流流必潤下豈若有情之物從師訓導而使然哉特以資始之初

水潤火炎之性本自確然各正後來豈能改易觀造化卽知吾身矣吾身坎中之火恆欲就燥而炎上秉乾父之性也離中之水恆欲流濕而潤下秉坤母之性也如是秉受亦當如是歸元此坎男離女之所以各返其本而乾父坤母之所以各復其初也入藥鏡云水能流火能燄在身中自可驗此之謂也

觀夫雌雄交媾之時剛柔相結而不可解得其節符非有工巧以制御之男生而伏女偃其軀禀乎胎胞受炁之初非徒生時著而見之及其死也亦復效之此非父母敎令

其然本在交姤定置始先

此節以男女交姤喻坎離之返本也欲知水流火動之理當即世間法觀之世間一男一女交姤之時自然剛者在上柔者在下若物之固結而不可解又若合符節而一定不可移此豈有良工巧術以制之使然自其初生之時而已然矣蓋男子之生其軀必伏伏者性情一定向內女子之生其軀必偃偃者性情一定向外從父母胞胎中生身受炁之初一剛一柔體質已定特著見于有生之後耳且不徒著見于生時也死時亦然人有

溺死水中者依舊男伏女偃此非父母諄諄誨之令其
如此但當初父母交姤之時剛者據上即乾道成男之
象柔者據下即坤道成女之象男女之位置已先確定
于腹中既生之後男女之一偃一伏確有定置得不如
其交姤之初乎既識世法便知道用先天乾上坤下即
吾身之父母也後天離上坎下即吾身之男女也火之
炎上坎男之性情也水之潤下離女之性情也坎男離
女之性情即乾父坤母之性情也乾本定位居上坤本
定位居下迫乾父坤母交媾而成坎離位置雖更性情

不易所以坎中之火仍欲炎上離中之水仍欲潤下各思返本還原歸其同類至於坎男離女再一交媾適還天上地下之常而先天之性命復矣乾坤交而為坎離猶男女之初生而一偃一伏也秉受固如是也坎離復交而為乾坤猶男女之既死而仍一偃一伏也歸元亦如是也所謂資始統正不可復改者也

制錬魂魄章第二十七

此章言日魂月魄兩者相制而成金丹也

坎男為月離女為日日以施德月以舒光月受日化體不

虧傷

此節言日月交併顛倒互用之奧也丹道以坎離爲藥物卽是日之魂月之魄在造化以日月返炤互藏天魂地魄在人身以水火既濟互取日光月精其相制之理一也上章以男生而伏女偃其軀寓言坎離兩物蓋男處外而向內女處內而向外兩象顛倒之妙已在其中坎屬北方真水應天上之月月是太陰水精坤象也本當稱女奈中藏乾家太陽真火魄中有魂取象玉兔所以反是男離屬南方真火應天上之日日是太陽火精

乾象也本當稱男奈中藏坤宮太陰真水魂中有魄取象金烏所以反是女即悟真篇所謂日居離位反爲女坎配蟾宮却是男顛倒之妙也離體本來是乾乾父動而處外惟轉作離女其性情全向乎內所以日光雖主外用却時時與太陰返照一點陽光斂在陰魄之中離體以出爲入故曰日以施德坎體本來是坤坤母靜而處內惟轉作坎男其性情全向乎外所以月精雖主內藏却時時感召太陽之烝全體陰魄借陽魂以爲光坎體以入爲出故曰月以舒光以顛倒言之入內者爲女

出外者爲男以本體言之則施精者又爲男受化者又爲女坎離二物雖顛倒而不失其本體所以晦朔之交日月並會黃道混沌相接元黃成團日魂入在月魄中月魄受之而成胚胎日光月精交媾及時合其符節于光明之本體並無所損故日月受日化體不虧傷此日月交感之常道也丹道亦然吾身日光月精刻刻迴照日月合璧産出蟾光作金丹之根本矣

陽失其契陰侵其明晦朔薄蝕掩冒相傾湯消其形陰淩災生

此節言交感之失其常也。與上篇水盛坎侵陽火衰離晝昏相似。晦朔之間。日月交併。陽魂能制陰魄。雖寄體陰中。光明之體常在。若陽光不能作主。陷在北海。無由自出。便失其交合之符節。未免反爲陰所侵奪。而虧損光明矣。故曰陽失其契。陰侵其明。陽旣爲陰所侵。遂致薄蝕之變。蓋時當晦朔。一點陽精。沉淪洞虛之中。火力尙微。水勢轉盛。陰盛便來掩陽。水盛轉來冒火。相傾相奪。太陽當晝而昏。故曰晦朔薄蝕。掩冒相傾。太陽之光本出金性。圓明普照。萬古不虧。但一受陰氣相侵。其形未免暫消而生薄蝕之災矣。故曰陽消其形。陰凌災生。
此言日月交感失道。立召災變。在人爲坎離初交。一陽沉在海底。動靜之間。稍失其節。以至真火陷入水中。不能出爐。便應薄蝕之象。詳見上篇第十五章。
男女相須。含吐以滋。雌雄錯雜。以類相求。金化爲水。水性周章。火化爲土。水不得行。男動外施。女靜內藏。溢度過節。爲女所拘。魄以鈐魂。不得淫奢。不寒不暑。進退合時。各得其和。俱吐證符。
此節言交感之得其道也。與上篇陰陽相飲食交感道自然相似坎男離女二物相須爲用月魄吸金烏之精自外而入日魂呼玉兎之髓自內而出顛倒主賓一含一吐真種於是滋生故曰男女相須含吐以滋乾本老陽轉作離中元女坤本老陰轉作坎內黃男乾坤破體有陰陽錯雜之象然而坎中真火仍欲上歸于乾離中真水仍欲下歸于坤由破體鍊之純體乃成此即水流濕火就燥各從其類之旨也故曰雌雄錯雜以類相求在吾身爲流戊就已同類得朋工夫離本太陽乾金中間轉出一陰陽金便化爲陰水即所謂太陽流珠也其

性流走不受控制未免泛溢而周流故曰金化爲水水性周章離中之水既至泛溢便來尅坎中真火所賴坎中真火化出戊土轉能制水即所謂黄芽爲根也坎中戊土與離中已土兩下配合鎮在中宮周章之水纔得所隄防而不敢妄行四出故曰火化爲土水不得行坎戊月精本杳冥而內藏然其中太陽真火秉乾父之性火性主動動者當出而施用故曰男動外施離巳日光本恍惚而外用然其中太陰真水秉坤母之性水性主靜靜者當入而伏藏故曰女靜內藏即上文日以施德

月以舒光顛倒逆用之妙也然兩者交會之時當動而動當靜而靜各有其節度若陽動而交陰過於沉溺能入而不能出太陽真火便受泛溢之水氣所侵奪之男女交媾若貪戀過度男子便受女子拘困故曰溢度過節爲女所拘即上文陽失其契陰侵其明薄蝕之徵驗也離中之陰屬魄以其爲太陽之體故反稱陽神日魂坎中之陽屬魂以其爲太陰之精故反稱陰神月魄所謂魂之與魄互爲室宅也今者火化爲土轉制周章之水則是魄能鈐魂而不至溢度過節矣故曰魄以鈐魂

不得淫奢魂魄互制水火均平一陽動而進火退水不
失之於太寒一陰靜而進水退火不失之太暑故曰不
寒不暑進退合時水盛而不過於寒火盛而不過於熱
冲炁爲和永無薄蝕掩冒之災于是日光月精兩相交
併至于庚方之上金精吐光一陽受符而金丹大藥產
矣故曰各得其和俱吐證符證者證驗也符者符合也
正應上文契字之義
此章言制鍊魂魄調和水火顛倒逆用之竅妙乃是金
丹臨爐作用當與上篇第十一第十五兩章參看

三家相見章第二十八

丹沙木精得金乃併金水合處木火爲侶四者混沌列爲
龍虎龍陽數奇虎陰數偶肝青爲父肺白爲母心赤爲女
腎黑爲子子五行始脾黄爲祖三物一家都歸戊巳子午行始

一句世本誤在脾黄爲祖之下今校古本正之

此章言身心意三家歸一而成丹也人爲天地之心故
能鼎立三才參天兩地當生身受炁之初元始祖炁先
入中宮圀圀圖圖圖混然太極所謂天地之心也圀地一
聲以後太極從此分胎上立天關內藏乾性下立地軸

內藏坤命虛谷在天地之中內藏元神從一中而分造化遂定爲三才三才旣定四象卽分蓋乾爲先天祖性破而成離轉作後天之心坤爲先天元命實而成坎轉作後天之身至于先天之離又轉而成震火中有木魂寄于心之象先天之坎又轉而爲兌水中有金魄藏于身之象從一炁而分二體又從二體而分四象矣四象旣立東南之木火同處陽方西北之水金並居陰位南方離火赤色有丹砂之象中藏眞汞卽是木精猶之北方坎水黑鉛中藏金精也人但知火中有木不識木中

有金蓋木旺在卯金炁即胎于卯陽魂必得陰魄其魂方有所歸金不離木也人但知水中有金不知金中有木蓋金旺在酉木炁即胎于酉陰魄不得陽魂其魄將何所附木不離金也金木雖分爲兩弦魂魄實併爲一體故曰丹砂木精得金乃併天一生水其象爲元武在人屬腎中精發竅于耳地四生金其象爲白虎在人屬肺中魄發竅于鼻精與魄同係乎身故曰金水合處地二生火其象爲朱雀在人屬心中神發竅于舌天三生木其象爲青龍在人屬肝中魂發竅於目魂與神同係

乎心故曰木火爲侶凡人之身心心自爲心身自爲身水火不交金木間隔所以去道日遠學道之士若能于二六時中含眼光凝耳韻調鼻息緘舌氣四大不動使精神魂魄俱聚于中宮水火木金並交於黃道此四者混沌之象也就此混沌之中能使四象合而爲一體又能使一體分爲四象原是木火爲侶離中生出木液是爲龍從火裏出原是金水合處坎中產出金精是爲虎向水中生故有列爲龍虎之象張平叔所謂四象不離二體也龍生於天三之木其數非奇乎奇者爲陽故稱

陽龍虎生于地四之金其數非偶乎偶者屬陰故稱陰虎此言龍虎之本體也若五行顛倒則龍轉作陰虎轉作陽矣丹道之五行原不係於五臟魏公恐泄天機秘母言子姑借身中五臟分配五行常道之五行木能生火金能生水能生者爲父母故有肝青爲父肺白爲母之象木三金四一陰一陽也所生者爲子女故有心赤爲女腎黑爲子之象水一火二亦一陰一陽也其曰子五行始者何蓋天一生水得之最先天開于子所以居北方正子之位實爲五行之源然後木火土金次第而

生故曰子五行始坤土中藏祖炁爲金木水火之所自出故有脾黃爲祖之象蓋水爲五行之源故取始義即吾身祖竅之一也土爲五行之母故取祖象即吾身祖竅之中也萬化歸一一又歸之於中于此可悟歸根復命之功矣肝木之魂心火之神兩者同出離中之心爲本來妙有中之真空是一物也所謂東三南二同成五也肺金之魄腎水之精兩者同出坎中之身爲本來真空中之妙有是一物也所謂北一西方四共之也坎中有戊離中有已合爲中土獨而無偶是爲真意真意爲

本來乾元祖炁是又一物也所謂戊巳還從生數五也身心兩家本自難合幸得真意勾引遂混南北併東西相會于中黃土釜結成一粒金丹所謂三家相見結嬰兒也蓋三物會歸為一而一又歸之於中是謂歸根復命反本還原之道故總括之曰三物一家都歸戊巳夫後天之身心即先天之性命也兩儀之象也後天之身心意即先天之元精元炁元神也三才之象也後天之真土即先天之浮黎祖土也太極之象也三物歸于一家即太極函三為一之象也體道至此信乎參天兩地

渾然天地之心矣若能於百尺竿頭更進一步向未生身處徹證本來面目方知天地有壞這个不壞虛空有盡這个無盡噫其孰能知之哉

此章作者已略露天機注者遂盡闢生面讀者幸具隻眼慎莫入寶山而空囘可惜也

刑德反復章第二十九

剛柔迭興更歷分部龍西虎東建緯卯酉刑德並會相見懽喜刑主伏殺德主生起二月榆落魁臨于卯八月麥生天罡據酉子南午北互爲綱紀一九之數終而復始含元

虛危播精于子

此章言龍虎兩弦刑德互用之奧也丹道以水火爲體金木爲用子午定南北之經卯酉運東西之緯參伍錯綜方應周天璇璣之度以造化之常道而言天道有一陰一陽地道有一柔一剛兩儀既立錯爲四象子水居北午火居南卯木居東酉金居西從子到巳爲陽剛行乎東南從午到亥爲陰柔行乎西北分之爲十二辰又分爲二十八宿周天三百六十五度各有一定之部位惟天中斗柄一移則子右轉午東旋剛反爲柔柔反爲

剛一切倒行逆施一定之部位到此乃無定矣故曰剛
柔迭興更歷分部震木爲龍本居東方卯位兌金爲虎
本居西方酉位惟更歷分部則龍反在酉虎反在卯矣
東西爲南北之緯故曰龍西虎東建緯卯酉龍秉東方
生氣德之象也惟龍轉爲西則木氣化而從金德反爲
刑矣虎秉西方殺氣刑之象也惟虎轉爲東則金氣化
而從木刑反爲德矣金木交並只在一刻中若明反覆
之機自然害裏生恩賓主歡會故曰刑德並會相見懽
喜人但知刑主於殺殊不知殺機正伏在生機中人但

知德主于生殊不知生機正藏在殺機內故曰刑主伏殺德主生起時當二月卯木正旺萬卉敷榮何以榆莢忽墮薹卯與戌合戌將爲西方河魁河魁正臨卯位生中帶殺故有榆莢之應此正殺機潛伏德返爲刑之象也時當八月西金正旺百草凋謝何以薺麥忽生薹辰與西合辰將爲東方天罡正據西位殺中帶生故有麥生之象此正生機隱藏刑返爲德之象也旣洞明造化之機卽知吾身之造化矣修道者當兩弦合體之時必須斡運天罡逆旋魁柄外鎮六門內閉丹扃洗心沐浴

只在片時自然刑轉爲德殺轉爲生兩物之性情合併爲一矣卯東酉西午南子北周天之綱紀也川道用斗柄逆旋東西之緯旣巳反常南北之經亦必易位何以明之一陽生於子所以火胎在子然坎中太陽眞火原從南方而出今者子右轉而復歸於南一陰生于午所以水胎在午然離中太陰眞水原從北方而來今者午東旋而復歸於北一水一火有無交入雖公相濟實及其所由生也南北互易則周天法象無不隨之翻轉故曰子南午北互爲綱紀後天五行逆用全本洛書洛書

之數始於一終於九北方坎位居一乾當西北實開其先所以乾之一陽寄在坎中坎之一卽乾之始也南方離位居九坤位西南實承其後所以坤之一陰寄在離內離之九卽坤之終也今也子南午北互易其位則是坎更爲終轉而成坤離更爲始轉而成乾一旣爲九九復爲一循環無端在易爲乾元用九羣龍無首之象在丹道爲九轉之功故曰一九之數終而復始天一生水北方坎位正值虛危之度爲造化之根源虛危二宿在天當亥子中間日月合璧之地在人當任督之交水火

合發之處蓋虛屬日危屬月卽是真水真火互藏其精白紫清云造化無聲水中火起妙在虛危穴是也學道之士若能致虛守靜迴南方離光照入北方坎地離中元精與坎中元炁自相含育至于虛極靜篤天人交應一點真陽生在北海中便可採作大丹之基矣故曰含元虛危播精於子此言水火既濟以產大藥與前金木交并原是一段工夫蓋子南午北互爲綱紀日月之體也龍西虎東建緯卯酉兩弦之用也乃其合併之妙全在互藏生殺之機只憑反覆一時沐浴頓圓和合四象

之功當與上三家相見章參看

陰陽交感章第三十

此章言真陰真陽同類相感方成金丹大道也

關關雎鳩在河之洲窈窕淑女君子好逑雄不獨處雌不孤居玄武龜蛇蟠蚪相扶以明牝牡意當相須

此節言陰陽之相感各以其類也一陰一陽之謂道孔子著之繫辭偏陰偏陽之謂疾岐伯著之素問蓋從上聖師俱用真陰真陽同類之物以超凡而入聖所以易首乾坤明陰陽不易之體詩首關雎喻陰陽交易之用

即世法而論雎鳩匹偶發好逑之章一雌一雄之相應龜蛇蟠蚪成元武之象一牝一牡之相須也龜蛇配北方元武固屬坎象雎鳩配南方朱雀確有離象吾身中天元地牝之所以交坎男離女之所以合亦何以異於是哉若洞明世間之法即知出世法矣

假使二女共室顏色甚姝蘇秦通言張儀結媒發辨利舌奮舒美辭推心調諧合為夫妻弊髮腐齒終不相知

此節喻言獨修一物之非道也在易道坤與乾匹離與坎匹巽與震匹兌與艮匹皆是一陰一陽各得其偶方

成交感之功至於上火下澤以兌遇離兩陰相從便名
睽卦夫子翼之曰二女同居其志不同行可見二女共
室以陰求陰卽逞蘇張之舌媒合爲夫婦亦必終身不
能相諧矣獨修一物是孤陰此之謂也
若藥物非種名類不同分劑參差失其綱紀雖黃帝臨爐
太乙執火八公擣煉淮南調合立宇崇壇玉爲階陛麟脯
鳳腊把籍長跪禱祀神祇請哀諸鬼沐浴齋戒妄有所冀
亦猶和膠補釜以硇塗瘡去冷加氷除熱用湯飛龜舞蛇
愈見乖張

此節正言非同類之物必不能和合成丹也何謂同類離中命蒂坎中性根一陰一陽方是真鉛真汞世人不悟真鉛真汞產在先天無有形質却去覓後天渣滓之物三黃四神五金八石無所不至是謂藥物非種名類不同卽使知有藥物矣不能知採取烹鍊之法是謂分劑參差失其綱紀此等愚盲小人不求真師指授不明伏食大道妄意爐火僞術可以僥倖成丹終年役役耗損家財兼之結壇祭鬼禱祀求神冀獲冥助不知此卽神聖爲之臨爐仙真代之擣煉亦必萬舉而萬敗矣彼

外鍊之術。藥物既非真種。配合必非同類。譬之以膠補釜。以硇塗瘡。無一毫相似處。且天下冷莫如冰。熱莫如湯。龜不能飛。蛇不能舞。人所共曉也。今去冷而反加冰除熱而轉用湯。執龜而責之飛。執蛇而強之舞。其於水火互藏之性。龜蛇相制之機。乖張愈甚。背戾可勝道哉。非種之謬。何以異此。蓋大道不離陰陽。陰陽只是性命。性命兩者。同出而異名。本無二道。在羲皇之易。爲一坎一離。老子之經。即一無一有。向上直截根源。片言可了。只因後來丹經子書。多方曲喻。轉啟濫觴之端。以致流入旁門外道丹道有時喻之以男女蓋言乾道成男坤道成女自家靈父聖母非世間有相之男女也有時喻之爲鉛汞蓋言離中元精坎中元炁自家眞鉛眞汞非世間有質之鉛汞也奈世間貪財好色之徒非惑於採補卽惑於燒煉更兼所遇方士種種揑怪妄引丹經欺誑末學惑於採補者其邪謬不可枚舉大約認男女爲陰陽以遂其好色之私耳惑於燒煉者其差別不可殫述大約認凡砂水銀爲藥物以遂其貪財之私耳此等邪術異端謗先聖之大道斷後賢之眞修名爲學道實

則造業其爲地獄種子無疑矣又有見理稍明立志稍正者幸不墮兩種邪術轉而求之身心却不知身非四大之身乃真空中妙有也心非肉團之心乃妙有中真空也身心一如渾合無間强名曰丹奈學人不遇真師昧於大道未免妄認四大假合爲身肉團緣影爲心著妄身者往往守定搬精運氣偏於有作病在心外覓身而不知真空之即身並其所守之身亦非矣着幻心者往往堅執坐禪入定偏於無爲病在身外覓心而不知妙有之即心並其所執之心亦僞矣殊不知修命而不

了性壽同天地只一愚夫修性而不了命萬劫陰靈終
難入聖矧妄身幻心並其一物而亦非者乎大抵各執
一家不叅同類皆所謂偏陰偏陽之疾非一陰一陽之
大道也魏公作參同契一書究大易之性情假爐火之
法象印黃老之宗旨無非吐露同出異名之兩物使大
地衆生皆得以盡性致命直超彼岸耳但恐邪術亂正
不可不辨析小乘失真不可不針砭前於養性未章已
諄諄言之猶恐世人之不悟也故於此復發明真種破
盡旁蹊曲徑使萬世學道者皆舍邪而歸正去偽而卽

真上與三聖演易黃老著經同其功用矣

伏食成功章第三十一

此章備舉伏食成功乃參同契中篇之總結也

維昔聖賢懷玄抱真伏鍊九鼎化跡隱淪含精養神通德三光精溢腠理筋骨緻堅眾邪辟除正氣常存積累長久變形而先

此言古聖自度皆由伏食而證大道也維昔聖賢蓋指黃帝老子及古來上升諸真懷元抱真卽守中抱一歸根復命工夫蓋養性之事也既有養性之事不可無伏

錬之功丹道以九轉爲全功故曰伏錬九鼎化跡隱淪者如黄帝丹已成而鼎湖上升老子關既出而西竺化現是也人之元精元炁元神上應天之日月斗極三者既全便與三光合其德矣故曰含精養神通德三光黄中通理潤達肌膚故曰精溢腠理筋骨緻堅此形之妙也保合太和性命各正故曰衆邪辟除正氣常存此神之妙也九年面壁行滿功圓忽然超出形氣之表號爲真人故曰積累長久變形而仙此之謂形神俱妙與道合真也

憂憫後生好道之倫隨旁風采指畫古文著爲圖籍開示後昆露見枝條隱藏本根託號諸名覆謬衆文學者得之韞櫝終身子繼父業孫踵祖先傳世迷惑竟無見聞遂使宦者不仕農夫失耘賈人棄貨志士家貧

此節言古聖著書覺世而後世失其意也古聖立心廣大不肯作自了漢既已自度必思度人不得已而著書立言若黃帝之陰符三百字老子之道德五千言併諸真所傳一切丹經子書皆因憂憫後世好道之士不得其門而入特爲指點性命根源各有所依傍指畫著爲

圖籍所以開示後人而導之入門也但恐泄露天機秘
毋言子露其枝條藏其本根若三盜五賊元牝橐籥之
類併龍虎黃芽金華種種異名是謂託號諸名覆謬衆
文正欲使後之學者反覆研窮得意而忘象耳惜學人
迷惑者多了悟者少又不肯虛心求師指授眞詮譬若
明珠大貝深藏櫃中無由見面不免貧困終身從父到
子從祖到孫塵塵劫劫迷惑相因迷而又迷惑而又惑
竟無覺悟之期既不識自已家珍貧困何時得了是猶
宦者不仕農夫失耘商賈之人自棄其貨而有志之士

長昔於家貧矣此如楞嚴衣中繫寶珠不自知覺求乞他方之喻也然此非先聖之過也先聖著書覺世本欲人人了悟豈知其若此迷惑乎所謂江湖無礙人之心只爲人過不得反覺江湖爲礙祖師無諉人之心只爲人透不得反怨祖師相諉是也若要不受諉須求大導師

吾甚傷之定錄此文字約易思事省不煩披列其條核實可觀分量有數因而相循故爲亂辭孔竅其門智者審思用意淼焉

此節自言其祖述古聖著書覺世之意也後學不悟先聖大道只因不得其門而入耳仙翁悲憫後學慨然著參同契一書術大易乾坤坎離之象假丹家龍虎鉛汞之名而歸本於黃帝老子盡性至命之旨文取簡要故字約而易思旨本同歸故事省而不繁披列其條者一道分爲三家即露見枝條之意也核實可觀者三家本來一道即隱藏本根之意也然其立言之妙露而不盡露藏而不盡藏銖兩分數各有權衡皆因古聖之文而斟酌擬大道後學入便於探討耳太露則恐泄天機故

必多爲亂辭爲藏則恐閉天道又必孔竅其門世有明眼之士能於三篇中反復參究得其孔竅之所在方知大道只在眼前櫃中之藏人人具足無有富者亦無有貧者仙翁悲憫後學之意洵與黃帝老子諸上聖異世同揆而參同一書較之陰符三百字道德五千言尤爲踵事而加詳矣

勤而行之夙夜不休伏食三載輕舉遠遊跨火不焦入水不濡能存能亡長樂無憂道成德就潛伏俟時太乙乃召移居中州功滿上升膺籙受符勤而行之十四句世本誤入上篇養性明辨邪正章

今正之

此節言學者究參同之奧伏食而證仙也大道知行並進纔得足目雙全始患莫然無知既知矣又患不行既行矣又患不勤學人既得真師指授洞明伏食宗旨便當結侶入圜死心煅煉老子云上士聞道勤而行之馬丹陽云師恩深重終難報誓死闤墻鍊至真故夙夜不休方稱勤行伏食之功得丹只在一時然立基人約須百日結胎大約須十月至於乳哺溫養大約必須三載陳翠虛云片餉工夫修便得老成須要過三年是也然

亦不可限定三年視工夫之勤惰何如耳温養既足聖胎始圓可以輕舉而遠遊矣從此法身解脫縱橫自如火不能焚水不能溺或隱或現忽去忽來來則有相故能存去則無形故能亡去來無礙豈不長樂無憂乎懷元抱真之謂道積功累行之謂德兩者全具方可遊戲人間待時升舉故曰道成德就潛伏俟時風塵之外有四海四海之中有三島三島之中有十州上島曰蓬萊方丈瀛洲中島曰芙蓉閬苑瑤池下島曰赤城元關桃源中有一洲曰紫府乃太乙元君所居勾管神仙功行

之地人若棄殼升仙先見太乙元君契勘功行方得次第上升故曰太乙乃召移居中洲至於功滿三千大羅爲仙行滿八百大羅爲客遂飄然上征膺籙受符而證無上真人之位矣故曰功滿上升膺籙受符雖然此姑假法象而言以接引中下之流使不落斷見耳究而言之中洲卽是自巳丹扃太乙卽是自巳元神上升卽是自巳天堂膺籙受符卽是復還自巳乾元面目而不隨劫火飄沉者也若洞明鍊神合虛鍊虛合道宗旨一切上升受符直可等之於浮雲付之於太空矣此魏公不

盡言之意乎

此章雖結伏食成功實爲中篇全文總結蓋御政諸章但陳造化法象未及性命竅妙也養性諸章方指性命關竅未悉作丹功用也自太陽流珠以下七章纔備舉伏食之功或言採取或言配合或言烹鍊上篇之所未悉者到此無復餘蘊矣篇終矣遂自述作書之意上印古聖下啟後賢依而行之立地成仙作祖豈不確然可信哉此處文義與上篇末章吾不敢虛說倣傚聖人文隱然相應其爲中篇總結無疑世本乃移入下篇之首

誤矣至於勤而行之一段確是此章結尾世本誤入上篇明辨邪正之末尤覺不倫今特依古本正之

下篇一名三相類又名補塞遺脫此一卷計五章。

上篇中篇各分御政養性伏食三段。條貫雖具。猶似散而無統。此篇特爲通其條貫。使三者類而爲一。首章陳鼎爐之妙用。次章揭火候之全功。三章明說三道由一。方識殊塗同歸源流。四章直指四象還虛。纔契先天無極宗旨。末章乃自敘其作書之意。而隱名以終焉。五章首尾相足。三相類之大義始覺了然。前兩篇中闕略遺脫者。得此始無餘憾。讀者合前兩篇參觀之。庶得其條貫之所在。而不病於無統矣。

鼎爐妙用章第三十二

此章雖言鼎爐妙用而藥物火候已在其中乃參同契全文之總結也蓋金丹妙用全在爐鼎識得爐鼎方可採取藥物識得藥物方可用火烹煉三者本同條而共貫前兩篇中各分御政養性伏食隱藏三者在內然文義散布尚未歸一故魏公特作此歌以補之

圓三五寸一分口四八兩寸脣長尺一厚薄均

此節顯鼎爐之法象也鼎爐之用有二以金丹言之離之匡廓為懸胎鼎坎之匡廓為偃月爐中宮神室乃是

人位此小鼎爐之法象也以還丹言之乾位居上爲鼎所以結丹坤位居下爲爐所以產藥中宮黃庭乃是人位此大鼎爐之法象也大約各有上中下三層以應天地人三才鼎爐既立兩儀四象五行八卦以至十二辰二十八宿周天三百六十五度無不出其中矣爐鼎既取法乾坤圓以象天方以象地圓以象天圓陀之義也圓者徑一而圍三本之河圖河圖周圍無四隅東三南二合成一五北一西四合成一五中央戊已自成一五合之而三五始圓三五環繞同歸中央中央虛位不過

徑寸是天心所居之室卽在此徑寸中分出一乾一坤邵子所謂天向一中分造化也故曰圜三五寸一分方以象地方寸之義也方者徑一而圍四本之洛書洛書有四正四隅東南西北爲四正東南西南東北西北爲四隅四正卽四象也四正兼四隅卽八卦也子午中分南北卽兩儀也方寸中開竅處有口之象上下兩岔分界處有脣之象四象八卦環布四周應造化之四時八節乾上坤下平分兩儀應造化之南北二極卽一中之所分出也故曰口四八兩寸脣兩儀旣分從子到巳爲

六陽應造化之春夏是爲進火之候從午訖亥爲六陰應造化之秋冬是爲退火之候一歲之候即一月之候一月之候即一日之候剛柔不偏寒暑合節即上篇所云周旋十二節節盡更須親也故曰長尺二厚薄均爐鼎之用遠取諸造化近取諸吾身俱屬自然法象一切旁門不知竅妙妄想于身外覓取爐鼎不啻萬里崖山矣

腹齊三坐垂温陰在上陽下奔首尾武中間文始七十終三旬二百六善調匀

此節言爐中藥生之時當調停火候也方寸中間一竅空洞無涯有腹之象水火二炁一齊會到中宮便是三家相見當其交會之時但坐守中黃勿忘勿助俟神明之自來直待水火二炁調爕得中方覺溫然真種自然生育矣故曰腹齊三坐垂溫離火本在上然離中真水恒欲流下而歸戊坎水本在下然坎中真火恒欲奔上而就己全賴中間真土爲之調停故曰陰在上陽下奔

此言水火旣濟大藥將產之候藥在爐中全仗火煅然火候有武有文武火主烹煉文火主沐浴二用天淵迥

別子時爲陰之尾陽之首宜進火而退水午時爲陽之
尾陰之首宜進水而退火俱用武火惟中間卯酉二時
當沐浴之會獨用文火一首一尾平分坎離調和兩家
不離中間真土故曰首尾武中間文冬至一陽初動實
爲六陽之始靜極生動有七日來復之象故曰始七十
夏至一陰初靜馴致六陰之終動極歸靜有自朔訖晦
一周之象故曰終三旬始須野戰終則守城俱是武火
用事卽所謂首尾武也三百六十日實應周天之度七
十三旬首尾除去百日其餘二百六十日以二百日中

分陰陽一子一午應冬夏二至併一首一尾合成三百日恰當十月胎圓之期中間尚餘六十日恰當卯酉兩月一卯一酉應春秋二分是爲沐浴之候故曰二百六善調勻調勻者不寒不暑溫溫然調和得中卽所謂中間文也要知武火烹煉在一南一北之交入文火沐浴全在中宮內守念不可起意不可散火候妙訣只在片刻中紫陽眞人云火候不用時冬至不在子及其沐浴法卯酉特虛比此之謂也

陰火白黃芽鉛兩七聚輔翼人瞻理腦定升玄子處中得

安存來去遊不出門漸成大情性純却歸一還本原

此節言金丹初結爐中温養之功也離中真汞是爲陰火却從乾金匡廓中化出白中有黑之象也故曰陰火白坎中真鉛是爲黃芽却從坤土胞胎中迸出鉛中產金之象也故曰黃芽鉛七者火之成數離中流珠旣稱陰火坎中黃芽便稱陽火兩火會聚含育神室中真人若輔弼羽翼然故曰兩七聚輔翼人大藥初生產在坤爐及其時至機動却須上升乾鼎乾鼎在天谷腦戶中爲百脈總會之竅丹經所謂若要不老還精補腦是也

藥生之時須用真意以採之徘徊上視送之以神合其直升天谷故曰瞻理腦定升玄真種既升天谷旋降黃庭具體而微狀若赤子安處黃庭之中優游自在一得永得故曰子處中得安存赤子安處鼎中環匝關閉本無去來亦無出入卽使出入亦不離元牝之門故曰來去遊不出門其初只一黍之珠温養旣足漸漸從微至著充滿長大情返爲性純粹以精故曰漸成大情性純此點真種原從太極中來自一分爲二遂成兩物二分爲三遂成三家又分而爲四象五行八卦九宮之類此

降本流末順而生物之道也今者兩物交併會三爲一以至四象五行八卦九宮之類無不復歸于一此反本還原逆則成丹之道也故曰却歸一還本原此一字可以貫通三教太上云得其一萬事畢黃庭經云五行相推返歸一以至孔子所謂一以貫之釋迦所謂萬法歸一總是這个此段俱是守中抱一深根固蔕宗旨蓋謂鼎中有寶便不可闕此一段温養工夫

善愛敬如君臣至一周甚辛勤密防護莫迷昏途路遠復幽玄若達此會乾坤刀圭沾淨魄魂得長生居仙村

此節言防危慮險之功也先天祖炁爲君後天精炁爲臣鼎中既得先天一炁却藉後天精炁乳哺而環衛之譬之臣既敬君君亦愛臣君臣之間相得無間故曰善愛敬如君臣丹道以九轉功完爲一週十月結胎三年乳哺其間運用抽添纖毫不可怠玩故曰至一周甚辛勤元神既存丹扃當以眞意守之審審隄防護持須臾不可離若眞意一離本也恐有昏迷走失之患故曰審防護莫迷昏元神不疾而速不行而至上天入地只在頃刻間却又杳冥恍惚無迹可求故曰途路遠復幽元

丹道。有兩般作用。以金丹而言。坎離一爻。真種便得。若以還丹而言。必須煉精化炁。煉炁化神。重安爐鼎。再造乾坤。向上更有事在。故曰。若達此會乾坤一黍之藥。號爲刀圭。刀圭纔沾入口。陰魄盡消。陽魂亦實。故曰刀圭沾淨魄魂。卽上篇所謂體死亡魄魂。刀圭最爲神也。魂魄既淨。我之元性。卓然獨存。不隨劫火飄蕩。形寄塵埃之中。神居太虛之境矣。故曰得長生居仙村。此段俱言防護愼密之意。與前段溫養工夫。聯如貫珠。

樂道者。尋其根。審五行。定銖分。諦思之。不須論。深藏守。莫

傳文御白鶴駕龍鱗遊太虛謁仙君錄天圖號真人

此節言脫胎神化之驗也道有其根只在抱一老子所謂歸根復命是也世人一切在枝葉上搜求離根愈甚去道轉遥故曰樂道者尋其根造化之妙不出五行五行有順有逆順則成凡世間之造化也逆則成聖出世之造化也然五行顛倒之旨最爲元奧若銖兩分數一錯定不結丹故曰審五行定銖分丹道之秘全在火候從上聖師必須心心密印學道之士但可心存不得形之于口但可默契不得著之于文故曰諦思之不須論

深藏守莫傳文火候已足聖胎已圓脫胎棄殼之時或駕白鶴或乘火龍翱翔太虛之表覲禮三境至尊從此膺籙受圖位證大羅天仙而有真人之號矣雖然此非外象實內景也龍鶴即自己元炁太虛即自己元竅仙君即自己元神天圖即浩劫以來混洞赤文真人即未生以前本來面目金剛經云凡所有相皆是虛妄若見諸相非相即見如來釋教所謂如來即吾道所謂真人也學道之士但識取真人面目一切名象俱可存而不論矣然真人之義有二在凡夫分上謂之法身人人具

足在聖人分上謂之報身惟證乃知究竟聖人所證之報身卽凡夫具足之法身也雖則人人具足只因不肯直下承當遂致浪死虛生輪轉六道豈得委咎于造物乎

此章雖陳鼎爐妙用而藥物火候全具其中乃金丹三要總結也然必合下章觀之方盡三相類之妙

火候全功章第三十三

此章以周天法象喻火候之全功雖云火候而爐鼎藥物悉具其中乃參同契全書之亂辭也蓋此書前二篇

中御政養性伏食各分三段寓爐鼎藥物火候在內但恐文義散見迭出終病於未圓故魏公作圓三五章以束之然圓三五章中多説金丹作用溫養保聚之功其於還丹作用交姤煅煉之象尚未悉備故緊接此章以足其意

法象莫大乎天地兮玄溝數萬里河鼓臨星紀兮人民皆驚駭晷影妄前卻兮九年被凶咎皇上覽視之兮王者退自改關鍵有低昂兮害氣遂奔走江淮之枯竭兮水流注於海

此節言火候之功效法天地不可不戒慎也前章敷陳爐鼎法象既以乾鼎法天坤爐象地可見人身全具一天地天地即我一大爐鼎也其中造化之妙無不合同天之極上處距地之極下處八萬四千里天中河漢爲元溝起自丑寅尾箕之間直至午未星柳之分界斷天盤不知其幾萬里以吾身擬之天關地軸相去亦八萬四千里中間即是元溝界斷上下有金木間隔之象故曰法象莫大乎天地兮元溝數萬里河鼓共三星中爲大將軍左爲左將軍右爲右將軍有芒角主軍鼓聲音

在牛宿之北正枕天河星紀是十二辰中丑位即河漢所經也河鼓本非丑分之星今越次臨于星紀則是河漢之内星宿錯亂水害將興未免可驚可駭吾身子丑之交正當陽火發生之地若時未到而妄動則周身精氣奔駭百脈俱亂豈非人民驚駭之象乎故曰河鼓臨星紀兮人民皆驚駭晷影本屬日影此借言天星進退之度在身中則進火退火漏刻也進火爲前退火爲却不當前而妄前不當却而妄却非太過即不及即如二至二分不應漏刻而召水旱之災矣據上文河鼓臨星

紀是進火失度以致水災堯有九年之水故曰晷影妄前却分九年被凶咎九年正應九轉法象進火失度一轉既差九轉俱失豈非莫大凶咎乎皇上指上帝王者指人主覽視之者昭視其戒于人主蓋以天變相儆即上文所謂凶咎也退自改者改其前却之失而進退合度也蓋皇上喻先天之性王者喻後天之心其體則一其用則二蓋性主無爲寂然不動安處神室心主有作感而卽通斡運天經如此則火候之進退罔不中節矣故曰皇上覽視之兮王者退自改天道關鍵全在南北

二極北極出地三十六度南極入地三十六度一低一昂之象周天璇璣晝夜不停南北二極雖主運旋而常不離其所是以經緯順序害氣不生吾身天關地軸一低一昂正應南北二極運火之時須要關鍵牢密是爲天關在手地軸由心到此周身陰氣自然剝落無餘矣故曰關鍵有低昂分害氣遂奔走天一生水瀰漫大地賴有巨海爲之歸宿方免泛濫之災凡人一身內外莫非陰滓即衆水所流注也崑崙之巔有元海焉爲衆水之所朝宗惟南北二極關鍵旣密促百脉以歸元自然

烝歸元海若江淮之朝宗於海而不至泛濫矣故曰江淮之枯竭兮水流注於海此段首以天上元溝輸爐鼎之法象繼以天星行度輸火候之準則失度則召洪水之災得宜則獲歸元之慶一得一失火候於是可準乃通章挈領處

天地之雌雄兮徘徊子與午寅申陰陽祖兮出入復終始循斗而招搖兮執衡定元紀

此節言坎離交姤配合之法象也子為六陽之首應乎冬至午為六陰之首應乎夏至子午二候一陰一陽南

北五爲綱紀正水火交會之地日月到此必徘徊而不遽進退所以太陽當中天古人謂之停午即徘徊之意也丹道水火升降只在子午二候坎中真火上升一陽初復陽炁尙微宜閉關以養潛龍之萌離中真水下降一陰來姤陰炁初萌宜係柅以防履霜之漸造化之妙全在午後子前亦當以真意徘徊其間故曰天地之雌雄分徘徊子與午陽火雖胎在子到寅方生陰水雖胎在午到申方生太陽得火之精故出于寅而沒於申太陰得水之精故出於申而沒於寅可見寅申是陰陽之

祖鄉造化出入之門戶也丹道亦然坎中一陽雖復于子直到寅位真火纔得出地離中一陰雖姤於午直到申位真水纔得長生一出一入終而復始方見真陰真陽同出異名之宗祖故曰寅申陰陽祖兮出入復終始招搖一星在梗河之北有芒角芒角一動便主兵革北斗第五星名衡卽斗柄也主布政天中臨制四方或指子午或指寅申以定木金水火之位以分春秋冬夏之時招搖本不妄動惟循斗杓而動則動必應時不失其紀丹道法天全仗天心斡運斗柄推遷天心居北極之

中元然不動惟視斗杓所指斗杓指於子午則水火爲之徘徊指于寅申則金木於是交并亦猶招搖之循斗而動以定周天之綱紀也故曰循斗而招搖兮執衡定元紀此段言水火之所以交金木之所以并全仗斗柄斡旋蓋坎離交姤之初功也坎離配合眞種乃生至一陽初動斗柄建子然後可加烹鍊之功矣

升熬於甑山兮炎火張設下白虎倡導前兮蒼液和于後朱雀翺翔戲兮飛揚色五采遭遇羅網施兮壓之不得舉嗷嗷聲甚悲兮嬰兒之慕母顛倒就湯鑊兮摧折傷毛羽

漏刻未過半兮。龍鱗狎鬣起。五色象炫燿兮。變化無常主。
潏潏鼎沸馳兮。暴湧不休止。接連重疊累兮。犬牙相錯距。
形似仲冬氷兮。闌干吐鍾乳。崔巍而雜厠兮。交積相支拄。
陰陽得其配兮。淡泊而相守。

此節言乾坤交姤煅煉之法象也。前面坎離交姤。眞種已生。再加配合之功。金丹大藥。養在坤爐中。故謂之熬。即上篇所謂鏊樞也。爐中溫養已足。一陽初動。正子時到。急發火以應之。必須猛烹極煉。加以吸舐撮閉之功。逼出爐中金液。令之上升。趨此火力。駕動河車。自尾閭穴逆流上崑崙頂有升熬甑山之象翠虛篇云子時氣到尾閭關夾脊河車透甑山此之謂也故曰升熬於甑山兮炎火張設下西方金精為白虎東方木液為蒼龍龍陽主倡虎陰主和今者虎轉在前作倡龍轉在後作和此皆五行逆旋陰陽顛倒之象故曰白虎倡導前兮蒼液和於後此乃大交時塞兌閉戶吹音吸神作用與前面坎離交姤適別細辨之朱雀是南方火精位鎮離宮即上文所云炎火也其性飛揚不定一遇前塵幻色相感即翺翔而去不可控制故曰朱雀翺翔戲兮飛揚

色五采朱雀本性極其飛揚飄舉一切不能制之惟一見北方元武方纔束手受制乾坤交姤之時火從下升水從上降元武擒定朱雀互相鈐束抵死不放如遭羅網壓住不能舉翼矣故曰遭遇羅網施兮壓之不得舉火本炎上之物一時被水壓住其性情急欲升騰有如失母嬰兒悲鳴哀慕其聲嗷嗷故曰嗷嗷聲甚悲兮嬰兒之慕母火騰水降主賓顛倒朱雀之與元武相吞相啗一時閉在鼎中無由復出譬若毛羽摧折不復飛揚矣故曰顛倒就湯鑊兮摧折傷毛羽水火既相擒制

龍虎亦必降伏金木水火四象攢聚鼎中固濟不泄只消片刻之間結而成丹鼎中既備五行之氣變化自生如神龍行空鱗動鬣揚五色焰燿變化之象不可名狀故曰漏刻未過半兮龍鱗狎鬣起五色象炫燿兮變化無常主當其升熬于鼎之際龍爭虎鬬撼動乾坤霎時金晶貫頂銀浪滔天若甑中蒸飯將熟鼎内之水百沸不休滂沱四湧故曰潏潏鼎沸馳兮暴湧不休止正當沸馳不止再加火力以足之接連重疊相繼薰蒸直到火足氣圓鼎中真炁自然絪縕充滿若犬牙之相錯矣

故曰接連重疊累兮犬牙相錯距交姤旣畢金鼎湯溫玉鑪火散一點落于黃庭先液而後凝漸凝漸結凝而至堅有如仲冬之氷又如闌干石中迸出鍾乳故曰形似仲冬氷兮闌干吐鍾乳鼎中真液一烝循環輕清者凝於泥丸重濁者歸於烝穴有崔巍雜厠之象真種旣凝無質生質有交積支拄之象故曰崔巍而雜厠兮交積相支拄以上俱一時得藥成丹法象葢因乾坤大交之時真陰真陽匹配無差故有如上之證驗也從此罷戰守城全用文火勿忘勿助靜守中黃所謂送歸土釜

牢封固是也故曰陰陽得其配兮淡泊而相守此段是
乾坤交姤一時事前面言煅煉之法中間言結聚之象
末了言溫養之功乃是通章關鍵處
青龍處房六兮春華震東卯白虎在昴七兮秋芒兌西酉
朱雀在張二兮正陽離南午三者俱來朝兮家屬爲親侶
本之但二物兮末乃爲三五三五並爲一兮都集歸一所
治之如上科兮日數亦取甫先白而後黃兮赤色達表裏
名曰第一鼎兮食如大黍米
此節言四象五行併而歸一乃結丹之法象也前面大

爻之時青龍白虎朱雀三家俱顛倒逆旋此則復還其本位矣青龍本位在東東方房宿屬木數應八而云房六者蓋六爲水之成數木生在亥木液原從坎水中流出卽入藥鏡所云鉛龍也東方之龍于時爲春于卦爲震於辰爲卯木旺在卯草木發而爲華故曰青龍處房六兮春華震東卯白虎本位在西西方昴宿屬金數應九而云昴七者蓋七爲火之成數金生在巳金精原從離火中煅出卽入藥鏡所謂汞虎也西方之虎于時爲秋於卦爲兌於辰爲酉金旺在酉穀實結而生芒故曰

白虎在昴七兮秋芒兌西酉朱雀正位在南南方張宿屬火二即火之生數也南方朱雀于時爲夏於卦爲離于辰爲午火旺在午能燔木而鎔金故曰朱雀在張二兮正陽離南午交會之時一東一西一南俱來朝拱天心北極三家會成一家異骨成親忻樂太平故曰三者俱來朝兮家屬爲親侶此處木金火三象正與前段相應前後俱不及元武者蓋元武本位在北上直斗樞三者既朝拱北極則元武在其中矣即中篇九還七返八歸六居之意也本是眞陰眞陽相配然一龍一虎并南

方之火便成三家木與火爲侶金與水爲朋併中央之土便成五行究其根株只是兩物化出枝條乃爲三家爲五行合成三五十五之數故曰木之但二物兮木乃爲三五其初自本而之末原從一个根株上化出一分爲二二分爲三三分爲五是爲常道之順其究自末而返本還從一个根株收來五返爲三三返爲二二返爲一是爲丹道之逆故曰三五并爲一兮都集歸一所併爲一者一是先天一炁指眞種也歸一所者所是中央正位指黃庭也三五爲一乃是從上聖師心心相印如

科條之不可違依此修治決定成丹但非一日之功日積月累方得成就仍取第一轉時最初一點眞種爲根基故曰治之如上科兮日數亦取甫日數者三載伏食之功甫者始也指第一轉起手處丹之初結本是乾金更加種在乾宮其色純白及至落到黃庭送歸土釜以坤母之氣含育之漸漸變成黃色徹始徹終取南方離火煅煉而成其色赫然而赤乃稱還丹故曰先白而後黃兮赤色達表裏丹以一轉應一鼎九鼎應九轉然一轉之中卽具九轉故九鼎之功全在第一鼎乾坤交姤

之後加以沐浴溫養鼎中黍珠自結矣度人經云元始懸一寶珠大如黍米在空元之中天人仰看惟見勃勃從珠口中入即此旨也故曰名曰第一鼎兮食如大黍米此段言四象五行併而歸一乃結丹之證驗

自然之所爲兮非有邪僞道山澤氣相蒸兮興雲而爲雨泥竭遂成塵兮火滅化爲土若蘗染爲黃兮似藍成綠組皮革煮成膠兮麴蘗化爲酒同類易施功兮非種難爲巧

此節言還丹成功本出自然之道也如上交姤結丹一切作用總是眞陰眞陽自相匹配以返我先天虛無一

烝耳雖云有作實則無爲俱出天機自然非若旁門小術搬運採補種種揑怪以欺世而惑衆即太上所謂道法自然也故曰自然之所爲兮非有邪僞道丹道自然之妙與造化人事無不合符二氣交感薰蒸化成眞液猶之山澤通氣自然蒸而爲雲洽而爲雨故曰山澤烝相蒸兮興雲而爲雨泥性重滯似與塵非類及乎暴乾枯竭自然化而爲塵矣火性飛揚似與土非類及乎烟消焰冷自然化而爲土矣至如蘗色本黃染采自然成黃藍色本綠染組自然成綠皮革者膠之所自出自然

煮而成膠麯蘖者酒之所藏自然釀而成酒此皆係同類之物各歸其元故功化自然不犯纖毫造作還丹亦然坎中真火本出於乾其性恒欲上歸于乾離中真水本出于坤其性恒欲下歸于坤且龍吟則雲自起虎嘯則風自生二氣相感各從其類安得不靈所謂欲作伏食仙宜以同類者豈孤陰寡陽一切非類者可比哉故曰同類易施功兮非種難爲巧此段言丹道成功之由只在自然二字其自然之妙又只在同類二字惟真種本來同類故交感出于自然不可不知

惟斯之妙術兮審諦不誑語傳與億世後兮昭然自可攷
煥若星經漢兮昺如水宗海思之務令熟兮反覆視上下
千周燦彬彬兮萬遍將可覩神明忽告人兮心靈乍可悟
探端索其緒兮必得其門戶天道無適莫兮常傳于賢者

此章世本誤在圓三五之前失其次序今特正之

此節乃通章之結尾也言此同類相求自然交感之妙道係從上聖師心印潛行密證並無一字虛設故曰惟斯之妙術兮審諦不誑語大道無古今無前後千百世以上千百世以下此心此理無不合同讀其書即如親

見其人故曰傳與億世後兮昭然自可攷火候之秘備載此書在天應星如衆星之經歷河漢在地應潮如衆水之朝宗大海毫髮不差涓滴無漏故曰煥若星經漢兮昺如水宗海此兩句又與上文河鼓星紀江淮注海等句遙應篇中火候學者不但口誦須要心惟不但心惟須要身體身中陽火陰符時時周流反覆刻刻升降上下惟不視以目而視以神斯得之矣故曰思之務令熟兮反覆視上下上下反覆循環不停始于一周究竟直到千周始于一遍究竟直到萬遍所謂常轉如是經

千百億卷非但一卷兩卷是也故曰千周燦彬彬兮萬
遍將可覩管子曰思之思之又重思之思之不得鬼神
將通之尋常參究之功皆當如是矧此火記靈文不視
以目而視以神乎千周萬遍之餘心靈忽爾開悟慧性
自然朗徹世出世間之事無不洞明若鬼神之來告矣
故曰神明忽告人兮心靈乍自悟金丹大道有端有緒
有門有戶真陰真陽同類相感此其端緒也坎離會而
產藥乾坤交而結丹一內一外兩般作用此其門戶也
後學能探之索之端緒既得庶可以窺大道之門戶矣

故曰採瑞索其緒兮必得其門戶此處門戶二字正與第一章乾坤者易之門戶首尾相應此事本人人俱足箇箇圓成然大道萬劫一傳必須擇人而授遇人不傳有閉天道之愆傳非其人又有泄天寶之譴必也忠孝淨明仁慈剛直之士更能割捨世間恩愛擺脫一切塵勞纔承當得此道起所謂有聖賢之心方可行神仙之事也故曰天道無適莫兮常傳於賢者仙翁既備述火候之要篇中丁寧反覆惓惓於擇人而授乃見至廣至慎之心矣

此章雖述火候法象實所以結括全書蓋前章是全書總結此則其亂辭也三章首尾相足御政養性伏食三家要旨恐在其中段段可以印證正所謂三相類也明眼者自當知之

三道由一章第三十四

此章言御政養性伏食三者殊途同歸本出一道也

參同契者敷陳梗概不能純一泛濫而說纖微未備闕略髣髴今更撰錄補塞遺脫潤色幽深鉤援相遠旨意等齊所趨不悖故復作此命三相類則大易之性情盡矣

此言三道由一之原委也參同契一書原本河洛敷陳義象蓋示人以先天心易也然必本黃老宗旨假爐火法象三家相參同歸於一方契盡性至命之大道但前兩篇于一道中鑿然分出三家未免文義參差綱宗隱覆所以復作下篇特發相類之意卽爐鼎妙用火候全功兩章已通其條貫矣三道由一之旨尚未剖露魏公復言參同契中前兩篇正文不過敷陳梗概未能純一且多泛濫之辭而纖微旨趣往往闕略未備此補塞遺脫之章所以不能已於撰錄也故於前面正文中幽深

者潤色之散布者鈎援之庶乎三家宗旨歸於一而趨向不至於悖謬耳然則御政也養性也伏食也總括之則曰三相類一言以蔽之則曰大易性情而已蓋日月爲易只是坎離二物一陰一陽一性一情究不過身心兩字更能以中黃眞意和合身心兩者歸中便足冒天下之道黃老之所養養此而已爐火之所煉煉此而已此其所以爲三相類也此三相類之所以爲參同契也觀爐鼎章中但言爐鼎而藥物火候已自畢舉火候章中但言火候而藥物爐鼎亦復全該即知三相類之大

旨矣

大易情性各如其度黄老用究較而可御爐火之事真有所據三道由一俱出徑路枝莖花葉果實垂布正在根株不失其素誠心所言審而不誤

此節正言三道之歸于一也世人但見參同契中篇分三段界開御政養性伏食便以爲真有此三家說到大易便認作常道陰陽流入採補說到養性却認做肉團身心泥定存守說到爐火又認做伏砂乾汞流入燒煉三家相執各不相通真是萬古長夜一部參同契沉埋

九地不見天日者千四五百年矣天不愛道今為剖而明之所謂大易情性正指坎離二物也日月為易真精互藏情性二字即一金一木也一水一火也一魂一魄也一龍一虎也一男一女也其實則一身一心也身心兩者天然配合打成一片豈非金丹之藥物乎故曰大易情性各如其度所云黃老養性似言黃帝老子清淨無為之旨不知頭有九宮黃庭在中為中央黃老君之所居黃庭經云中部老君治明堂是也黃庭即係中黃正位或名神德居或名道舍廬或名大淵或名規中大

約是先天祖竅識得祖竅元神方有所歸便知養性之用其用全賴真意得此真意和合身心把柄在手豈非金丹之爐鼎乎故曰黃老用究較而可御至於爐火之事假外象以喻內功也藥物既入爐中即當用火煅煉或配之爲龍虎或配之爲汞鉛或配之爲流珠金華黃芽姹女種種異名仍是身心兩物以兩物相制而言謂之伏以兩物交併而言謂之食仍是以真意和合身心耳一伏一食乃成金丹爐火之事其理確然可據豈非金丹之火候乎故曰爐火之事真有所據有藥物不可

無鼎爐有鼎爐不可無火候三者本同條共貫舉其一
卽三者全具雖分三段其用未嘗不合要知篇中所舉
藥物種種異名卽一物也爐鼎種種異名卽一處也火
候種種異名卽一時也若明此一物方知蠢動含靈總
是一物若明此一處方知山河大地總在一處若明此
一時方知元會運世只此一時蓋一物卽一處一處卽
一時一時卽一物也此之謂會三歸一此之謂得其一
萬事畢故曰三道由一俱出徑路本來原是一道析之
却成三條譬如草木之類至春而抽莖發枝至夏而開

花布葉至秋而結果成實究其發生之源只在一點根株直到窮冬之際剝落歸根方顯碩果生生之妙故曰枝莖華葉果實垂布正在根株不失其素素卽太素之素返本還原之意也夫由一道發爲三條有枝莖花果之象卽所謂露見枝條也由三條復歸一道有正在根株之象卽所謂隱藏本根也前兩篇各分三段雖似枝條然根株之一未嘗不貫其中但言者旣出一片誠心讀者必須再三詳審直到萬遍千周神明忽告方知三道之果出于一庶不爲旁門所賺誤耳故曰誠心所言

審而不誤此章是三相類之關鍵處魏公恐人錯認一道爲三條又恐人錯認三條不是一道特爲指出直截根源歸重正在根株二句究竟根株是何物一陽初動見天地心造化之妙具在其中此三道之所以殊途同歸而參同契之一言可蔽者也故緊接象彼仲冬節章

按世本此章有五相類圖牽合河圖五位相得而各有合起於彭曉諸家因之牢不可破細推魏公此章本旨明明說御政養性伏食三道由一乃三相類非五相類也蓋東三南二合成一家北一西四合成一家中央五

十自成一家舉三相類則五位相得有合之妙已在其中矣何必添蛇足乎矧三道由一不但貫徹前後數章寔係全書關鍵所在豈更有別義可攙入乎且其所謂浮左沈右世金世銀等說一切傳會流入爐火旁門與全書大義相背之極其於前後血脉尤爲不貫參校古本並無此圖乃知是彭曉杜撰添入非魏公本文也特削之

四象歸根章第三十五

象彼仲冬節草木皆摧傷佐陽詰商旅人君深自藏象時

順節令閉口不用談天道甚浩蕩太元無形容虛寂不可覩匡廓以消亾謬誤失事緒言還自敗傷別序斯四象以曉後生盲

此節言四象混合復歸無極直示人以無上至真之道也世人但知後天四象不知有先天四象乾坤坎離便是後天四象四者混沌復返虛無方是先天四象後天四象有形有名言之可得而盡也正所謂枝莖華葉也先天四象無形無名言之所不得而盡也正所謂根株也一部叅同契處處發揮乾坤坎離幾於盡言盡意矣

魏公恐人登枝亡本故於篇末特示人以無文之言無
象之意從上章正在根株不失其素來蓋世間一切草
木枝莖長於初春花葉敷於盛夏果實結於正秋三者
雖具尚未歸根直到仲冬之時天地閉塞重陰沍寒所
有枝莖花果之類剝落無餘但剩一根株耳在造化為
藏用之會在吾身即歸根復命之時也故曰象彼仲冬
節草木皆摧傷一陽初動萬物未生雖動而未離乎靜
邵子所謂一動一靜之間天地人之至妙至妙者也此
時一點天地之心深藏九淵關鍵牢密內者不出外者

不入即至日閉關商旅不行后不省方之象故曰佐陽
詰商旅人君深自藏商旅馳逐喜動喻耳目之發用人
君端拱無爲喻真人之退藏真人潛處深淵不出不入
一切馳求之念永息而不復起若商旅之被詰而不敢
行矣閉關之象所以應冬至之時雖動而不離乎靜順
其節令之自然也此時但當閉塞其兌抱一守中豈可
犯多言數窮之戒乎故曰象時順節令閉口不用談金
丹大道與天道同其造化天道有元亨利貞循環無端
浩浩淵淵莫可窮究元亨主發育爲造化之出機所謂

顯諸仁也利貞主歸藏爲造化之入機所謂藏諸用也當其歸藏之時上無復色下無復淵迎之無首隨之無尾所謂元冥難測不可畫圖者也故曰天道甚浩蕩太元無形容天地爲太虛之真胎日月爲太虛之真息時當仲冬亥子之交天地媾精日月撢持日月之真息藏於天地真胎中不可見不可聞璇璣停輪復返混沌此時也無天也無地也無日也無月也無乾坤門戶也無坎離匡廓消歸一片太虛是爲真空是爲妙有是爲義皇未畫之易是爲老子無名之道是爲上天之載無聲

無臭是爲威音以前本來面目故曰虛寂不可覩匡廓
以消亾夫混沌中之天地卽一乾一坤也混沌中之日
月卽一坎一離也無象之象乃是真象無言之言乃是
至言明眼者從此叅取先天心易直可不設一象不煩
一言矣然此道惟上根利器觸着便會其餘中下之流
但知有象之易豈知無象之易乎但知有形有名之乾
坤坎離豈知無形無名之乾坤坎離乎若閉口不談誠
恐儱統顢頇以致差别未明作用未究令後學一切謬
誤何所證據若妄生支節又恐頭上安頭騎驢覓驢令

後學一切穿鑿。未免反傷其根本。故曰謬誤失事緒。言還自敗傷。于此反覆思維。不得已而篇分三段。段分各章。分別而次序之。曰此乾坤門戶也。此坎離匡廓也。此乾坤爐鼎也。此坎離藥物也。此所謂大易性情也。會而通之。則黃老之所養。亦此乾坤坎離也。爐火之所煉。亦此乾坤坎離也。無非爲盲夫指路。費盡周折。若爲明眼者說。不煩種種分別矣。故曰別序斯四象。以曉後生盲。然既云四象。即非根株矣。既云別序。即是根株之破。而爲枝莖花葉矣。豈若混沌忘言之爲至妙至妙哉。

此章是參同契中最後丁寧之辭極爲吃緊但從來謬誤頗多不可不辨陳顯微注本移此一節在太陽流珠章子當右轉午乃東旋之前以下文子午卯酉應四象俞玉吾注本又移在仲尼讚鴻濛章陽氣索滅藏之下以下文七八九六應四象殊不知子午卯酉七八九六俱屬後天有形有名之四象與深藏閉口匡廓消亾之義有何干涉乎陳觀吾注本序次庶不大差却又連上大易性情爲一章不知上章明說三道此章明說四象文雖相承義則逈別豈可混而爲一諸公於文義章句

尙未融會敢云得作者之意乎蓋參同契全文無處不
發明四象然四象旣有形有名已落第二義恐後學採
其枝葉忘其根本先天心易幾乎息矣魏公故於絕筆
之餘直指混沌歸根最上一乘之道蓋遡四象而歸兩
儀遡兩儀而歸太極卽太極而返無極也或云太元或
云虛寂或云深藏或云匡廓消亾層見迭出總是發明
返本還原未生以前消息得此消息方知筆未下時原
有一部參同契在天地間乾坤坎離觸處昭布森列開
眼卽見閉眼亦未嘗不見傾耳卽聞塞耳亦未嘗不聞

道德經所謂有物混成先天地生者此也繫辭傳所謂神無方而易無體者此也邵子所謂畫前原有易者此也周子所謂太極本無極者此也不特此也仲尼一生删定贊修不遺餘力却云予欲無言天何言哉豈非言還自敗傷之旨乎釋迦說法四十九年却云並未曾說一字未了傳衣只傳得一箇拈花公案豈非閉口不用談之意乎又何疑於參同契乎祖師著書立象本欲曉後生之盲無奈千四五百年來書雖傳而盲者如故或妄援大易之陰陽而為採補或錯認黃老之養性而為

獨修或傳會爐火之伏食而爲燒煉一盲引眾盲相將入火坑縱遇真師指點仍冥然不信哀哉祖師於絕筆之餘惓惓欲結舌忘言蓋逆知後世之多盲夫矣

此篇同中末後全提之句也誰肯泄露到此信乎天不愛道矣讀者請具隻眼庶不空過

自敘啓後章第三十六

此章魏公自敘其作書之意兼隱名以俟後世也

鄶國鄙夫幽谷朽生挾懷朴素不樂權榮棲遲僻陋忽略利名執守恬淡希時安寧晏然閒居乃撰斯文

此節魏公自言其隱處著書之意也按列仙傳真人魏伯陽者會稽上虞人也世襲簪裾惟公不仕修真潛默養志虛無博贍文辭兼通緯候恬淡守素惟道是從每視軒冕如糠粃焉從隱長生真人得受金丹大道依法伏煉成真乃約周易撰參同契三篇此處自叙一段與傳中所稱引大略髣髴蓋實錄也魏公本會稽人而托言古鄶國殆亦隱文耳

歌叙大易三聖遺言察其旨趣一統共論務在順理宣耀精神神化流通四海和平表以為歷萬世可循序以御政

行之不煩

此節言參同契一書原本大易卽御政之旨也蓋易更三聖畫卦繫辭作翼無非示人以盡性致命之功魏公察其旨趣之所在外參造化內印身心統括而究論之不出坎離二用其體爲性命其用則爲精神性命之理旣順精神之用方全故曰務在順理宣耀精神窮神知化易之妙也惟一故神惟兩故化以此治心則神化藏於中黃而有通理之驗以此治世則神化布於四海而著和平之功故曰神化流通四海和平子南午北互爲

綱紀建緯卯酉璇璣循環卽歷法之祖也故曰表以爲歷萬世可循君主無爲臣主有爲明堂布政國無害道卽治世之準也故曰序以御政行之不煩蓋易道便是治道治道便是丹道內聖外王一以貫之此段專結御政宗旨卽所謂大易性情各如其度也

引內養性黃老自然含德之厚歸根返元近在我心不離己身抱一毋舍可以長存

此節言養性自然之旨也以外象言之清淨無爲之道本諸黃帝老子以內象言之人身九宮之中有丹扃黃

庭爲中央黃老君之所治內藏祖性天眞自然所謂養性者養此而已故曰引內養性黃老自然祖性卽上德也本來無喪無得不滅不增學人若洞明此性當下可以歸根復命返本還原故曰含德之厚歸根返元祖性本是一體分爲兩用便屬身心二物但心非肉團之心卽本來妙有中眞空身非四大之身卽本來眞空中妙有此兩者人人具足一切修證不離當體故曰近在我心不離巳身祖竅是眞中身心兩家會歸祖竅便是眞一人能守中抱一須臾弗離則長生久視之道得矣故

曰抱一毋舍可以長存此段專結養性宗旨卽所謂黃老用究較而可御也

配以伏食雌雄設陳挺除武都八石棄捐審用成物世俗所珍

此節言爐火伏食之旨也以內象言之本是眞性眞命一陰一陽之大道以外象配之喻爲眞鉛眞汞一雌一雄之兩物以魂魄相制而言則謂之伏以龍虎相呑而言則謂之食乃是金液還丹作用迥非旁門所謂服食也故曰配以伏食雌雄設陳世人聞說爐火定猜作五

金八石聞說雌雄定認作雌黃雄黃不知此皆有形有質後天渣滓之物真人所除棄而不用者也故曰挺除武都八石棄捐既已棄捐矣何故配以伏食具以燒鉛乾汞點銅成金從來有此方術世俗貴術而不貴道往往于此極其珍重祖師再三審度知世俗所最珍重者黃白之物故借假說真寓言金丹伏食之妙用則信從者眾矣故曰審用成物世俗所珍武都在涼州西數千里產雌黃雄黃魏公言我之所謂雌雄設陳非武都所產之物也悟真篇云休鍊三黃及四神即此意此段專

結伏食功用卽所謂爐火之事眞有所據也。羅列三條枝莖相連同出異名皆由一門非徒累句諧偶。斯文殆有其眞礫硌可觀使予敷僞却被贅愆命參同契。微覽其端辭寡道大後嗣宜遵。

此章總結三道由一乃參同契之所以得名也蓋大易性情隱藏坎離藥物黃老養性隱藏中黃爐鼎爐火伏食隱藏煆煉火候露其枝條藏却根本究而言之卽身心意之三家也亦卽精氣神之三元也枝莖雖列三條根本實爲一致三家相見便結聖胎三元合一便歸太

極惟三者相參金丹之作用乃備故曰羅列三條枝莖相連然三條之中舉一即三會三即一處處合同確然一貫即太上所云同出異名而為眾妙之門者也故曰同出異名皆由一門三條羅列枝莖雖繁然非抽黃對白諸世俗之文辭也實有至真之道隱乎其中外契造化內契身心天人性命之理無不相印若合符節如璞玉之藏石中剖出即現故曰殆有其真礫硌可觀若謂敷陳謬妄之辭誑惑後學此如附贅懸疣豈不反被天譴初心之所不敢出也此書之成特命之曰參同契者

正以三家相叅同出一門乃契無上至真之妙道耳學者能探厥端緒方知其辭雖寡其道甚大盡性至命之道畢出其中後世法嗣可不遵守之乎此段特發叅同契所以命名之意所謂三道由一俱出徑路也

委時去害依托邱山循遊寥廓與鬼爲隣化形而仙淪寂無聲百世以下遨遊人間敷陳羽翮東西南傾湯遭厄際水旱隔并柯葉萎黃失其華榮吉人乘負安穩長生

此節魏公於著書篇終隱名以俟後世也十六句中離合成文藏仙翁姓名在內委時去害四句合成魏字化

形而仙四句合成伯字敷陳羽翮四句合成陽字柯葉萎黃四句合成造字言參同契全文乃魏伯陽所造也仙翁本遁世之士不欲自著其姓名郄又不肯盡晦故爲漫辭隱語半藏半露以庶幾後人之我知正猶一句根本藏在三篇枝葉之中含吐隱躍以庶幾後人之自悟耳仙翁隱名之意卽前章閉口不用談之意也知其解者旦暮遇之初不得覿面蹉過

上篇末章有吾不敢虛說倣傚聖人文等句中篇末章有吾甚傷之定錄此文等句俱述著書垂訓之意語意

倘未了至於下篇末章自敘啟後發明三道由一乃參同契之所以作上承先聖下啟後賢為窮理盡性致命之準則故知此章不特結三相類實全書之總結也參同契一書最不易讀蓋其初以一句分為三篇其究以三篇合為一句而句本無句也但分合之間神奇變化雖有離朱之目鮮不眩師曠之聰鮮不聾矣今得吾師盡發其覆正如千年暗室一燈能照豈非羲易之指南而參同之慧炬哉

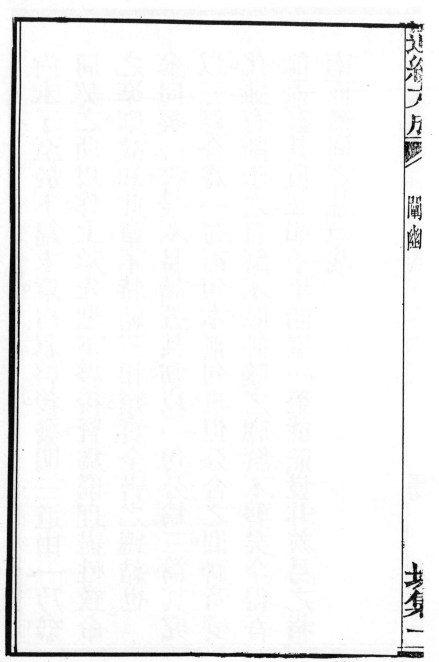

道藏精華第三集之三
參同契闡幽

〔全一冊〕定價新臺幣三二〇元

總主編者　文山遯叟蕭天石
原著者　漢・魏伯陽
原譯述者　清・朱元育
出版兼發行者　自由出版社
臺北郵政信箱八六五號
郵政劃撥〇〇三三八九四號
電話：二九一一三六一四
電傳：二九一二〇九九一
發行人　曹哲士
本社登記證字號　行政院新聞局版臺業字號第〇五七五號

中華民國八十九年二月